浙江省"十一五"重点教材建设项目

商务信息处理

陆国红　编著

北京大学出版社

图书在版编目(CIP)数据

商务信息处理/陆国红编著. —北京：北京大学出版社，2012.1
ISBN 978-7-301-20072-8

Ⅰ.①商… Ⅱ.①陆… Ⅲ.①商务－经济信息管理－高等职业教育－教材 Ⅳ.①F716

中国版本图书馆 CIP 数据核字(2012)第 007025 号

书　　　　名：	商务信息处理
著作责任者：	陆国红　编著
策　划　编　辑：	胡伟晔
责　任　编　辑：	胡伟晔　王泽旗
标　准　书　号：	ISBN 978-7-301-20072-8/F · 3029
出　版　发　行：	北京大学出版社
地　　　　址：	北京市海淀区成府路 205 号　100871
网　　　　址：	http://www.pup.cn　新浪官方微博：@北京大学出版社
电 子 信 箱：	zyjy@pup.cn
电　　　　话：	邮购部 62752015　发行部 62750672　编辑部 62765126　出版部 62754962
印　　刷　　者：	北京大学印刷厂
经　　销　　者：	新华书店
	787 毫米×1092 毫米　16 开本　14.5 印张　381 千字
	2012 年 1 月第 1 版　2017 年 5 月第 3 次印刷
定　　　　价：	36.00 元

未经许可,不得以任何方式复制或抄袭本书之部分或全部内容。
版权所有,侵权必究
举报电话：(010)62752024　电子信箱：fd@pup.pku.edu.cn

内 容 简 介

《商务信息处理》是根据教育部对高职高专人才培养目标和电子商务环境下商贸类专业职业岗位群的任职要求而编写的一本体现"工学结合"、突出学生职业能力培养的实践性项目教材,并被列为2010年度浙江省高校重点建设教材。

本书以大学生顾帆的电子商务创业经历为背景,以贸易从业人员在电子商务背景下的信息处理实务为主线,采用项目化编写方法,内容贴近工作实际。全书共分为五大项目,即商务信息收集、产品图片修复与美化、产品文本编辑与处理、商务信息整合编辑和商务信息网络发布。每个项目包含若干个任务及子任务,每个任务后附有相应的思考题和贴近岗位实际的实践训练。本书注重内容的实用性和丰富性,循序渐进、结构清晰、图文并茂、取材得当,以完成工作任务为主线,链接相应的理论知识和技能实训,体现了"教、学、做"一体化的教学理念。

为了便于教学,也为了使图片能得到真实完美的呈现,书中的素材及课件可免费提供,请与作者或编辑部联系。

本书可作为高职高专国际贸易实务、电子商务和其他相关专业的教学用书,也可作为各类电子商务技能培训教材和自学用书。

前　言

随着电子商务应用在全球的不断普及与深入,电子商务已成为国民经济和社会信息化的重要组成部分。随着企业上网需求的不断增加,许多企业意识到电子商务实施过程中,对公司及产品等商务信息的编辑与处理已成为企业开展电子商务和市场营销的一项重要工作。如实、精致地编辑处理商务过程中的各类信息,对企业电子商务、市场营销的实施效果起着至关重要的作用。因此,现代企业急需一大批能够熟练运用计算机和网络等技术为企业编辑处理各类商务信息的人才。

2007年9月,湖州职业技术学院根据国际贸易实务、电子商务、商务英语等商贸类专业的实际需求,开发了工学结合项目课程"商务信息处理"。课程内容涵盖了商务人员在电子商务背景下应具备的信息处理技能,课程知识涉及产品摄影、图片处理、信息编辑、商务宣传等方面,覆盖面广,创新性强。课程致力于培养学生从事外贸、商务等工作中所必备的信息处理技能。

为了填补"商务信息处理"项目课程教材的空白,满足学生项目课程学习的需求,课程组组织编写了本教材,并获2010年度浙江省高校重点建设教材立项。本教材按照学生的认知规律,采用并列与流程相结合的结构来实现教学活动,通过情景设计、仿真模拟等活动项目来组织教学,倡导学生在项目活动中掌握商务信息的处理技巧,培养学生处理商务信息的基本职业能力。

本教材在结构设计上强调了教材的可读性、趣味性和实用性,采用了项目—任务编排方式。教材分为商务信息收集、产品图片修复与美化、产品文本编辑与处理、商务信息整合编辑、商务信息网络发布5个项目。根据项目难度和容量,每个项目设置2～4个任务。

本教材采用项目导向、任务驱动的编写方法,每个项目以生动的"任务情境"引出职业岗位工作的需要。在每个子任务中,以"任务描述与分析"简述该任务的背景、内容、设置意图;"任务实施"是完成该任务的具体步骤的详细讲解;"知识链接"提供与该任务相关的理论背景或前沿信息;"思考与实践"提供了开放性的实践任务,供学生在课后完成。

本教材有以下3个突出特点。

1. 在重实践技能训练的同时兼顾理论知识渗透

职业教育应该倡导工作者的职业需求导向,以实践为核心。本教材每个项目都有具体的实践任务,突出体现实践技能的训练;但是,本教材并未因重实践而轻理论,因为没有理论指导的实践如同无源之水、无本之木,本教材在"知识链接"环节适度地渗透与任务训练相关的理论知识,供同学参考和阅读。

2. 兼顾任务指导的有效性和实践训练的开放性

在本教材的"任务实施"环节中,一些涉及技术性较强的部分采用了"手把手教"的方式,每个步骤详细指导,确保每个学生都能学得会;但是,并没有因为"手把手教"而束缚了学生的手脚,因为我们认为一个优秀的职业人才不仅要扎实掌握职业基本功,还要有一定的创新精神。故本教材设计了开放性极强的"思考与实践"环节,在这个环节中所涉及的实践任务只给学生提出了任务的大方向，但是具体怎么做需要学生自己去思考，需要和同学讨论。这些实践任务无论在选题、过程、结果上都有一定的开放性和不可预测性，充分给予学生发挥自己创造力的空间。本教材的"任务实施"环节也有少量技术要求较简单的环节，建议组织学生自学或者和同学讨论，这样设计的目的也是为了突出培养学生的创新能力。

3. 兼顾知识技能学习和态度情感价值观的培养

在传统教育中往往存在重知识技能传授、轻价值观培养的偏误。湖州职业技术学院多年来一直重视知识技能培养和人格价值观塑造并举，积累了一定的经验，取得了一定的成效。本教材在编写中，充分体现了兼顾知识技能学习和态度情感价值观培养的教育理念。在很多任务及后附的思考实践中都鼓励学生参加社会实践和企业调查，这不仅仅是为学生将来的职业生涯积累经验，同时也是为他们在社会实践和企业调查中提升社会责任感、培养团队合作精神、形成尊重他人、善于沟通的优秀品质创造了机会。

本教材是经济管理类专业的工学结合项目教材，由于所涉及的知识面较广，因而我们避免探讨很深的理论内容。教材中涉及的有关技术处理与制作部分，将结合商务活动的需要进行一定程度的训练，这区别于计算机专业或艺术设计专业的有关课程。一方面由于专业和课时所限，无法面面俱到或涉及内容很深入；另一方面也考虑到学生的专业需求和计算机应用水平，进行贴近岗位的针对性训练。

本教材的参考学时为64课时，其中实训环节40学时。各部分的参考学时可参见下面的学时分配表。

项目	教学内容	学时分配	
		讲授	实训
一	商务信息收集	6	6
二	产品图片修复与美化	6	10
三	产品文本编辑与处理	4	4
四	商务信息整合编辑	4	8
五	商务信息网络发布	4	8
机动			4
课时总计		24	40

项目课程开发是职业教学改革的重大举措之一，教学改革的核心是课程与教材的改革，本教材的编写是一次实践教材改革的探索。教材中的全真案例源于丝绸之路集团、湖州翔顺工贸有限公司和苏州海力针织制衣有限公司等企业，在此对上述公司及相关人员给予的支持和帮助表示衷心的感谢。同时，真诚感谢北京大学出版社编辑老师们的悉心指导和帮助，使教材得以顺利出版。

鉴于作者水平有限，时间仓促，书中不足之处在所难免，恳请读者和有关专家不吝指正，以促进教材的修订与完善。

编 者
2011年11月
E-mail：zjlouis@163.com

目　录

项目1　商务信息收集 ……………………………………………………………… (1)
任务1　产品图片采集准备 …………………………………………………… (2)
　　任务 1.1　认识专业产品信息 …………………………………………… (2)
　　任务 1.2　产品拍摄准备 ………………………………………………… (8)
　　任务 1.3　制作简易产品拍摄空间 ……………………………………… (15)
任务2　产品摄影的布光和构图设计 ………………………………………… (20)
　　任务 2.1　产品摄影的布光方式认知 …………………………………… (20)
　　任务 2.2　产品摄影的布光设计 ………………………………………… (25)
　　任务 2.3　产品摄影的构图设计 ………………………………………… (32)
任务3　典型材质产品的拍摄 ………………………………………………… (42)
　　任务 3.1　认识产品典型材质 …………………………………………… (42)
　　任务 3.2　典型材质产品的布光设计 …………………………………… (45)
任务4　收集其他相关信息 …………………………………………………… (52)
　　任务 4.1　收集产品生产企业信息 ……………………………………… (52)
　　任务 4.2　扫描公司资料与产品信息 …………………………………… (55)
本项目小结 ……………………………………………………………………… (59)

项目2　产品图片修复与美化 …………………………………………………… (60)
任务1　校正修复产品图片 …………………………………………………… (61)
　　任务 1.1　认识产品图片处理 …………………………………………… (61)
　　任务 1.2　产品图片基本编辑 …………………………………………… (65)
　　任务 1.3　产品图片缺陷修复 …………………………………………… (72)
　　任务 1.4　产品图片影调调整 …………………………………………… (77)
任务2　美化处理产品图片 …………………………………………………… (83)
　　任务 2.1　制作图片边框 ………………………………………………… (83)
　　任务 2.2　制作水印印章 ………………………………………………… (87)
　　任务 2.3　制作不同颜色效果 …………………………………………… (90)
任务3　修饰产品图片背景 …………………………………………………… (97)
　　任务 3.1　替换产品图片背景 …………………………………………… (97)
　　任务 3.2　制作简洁图片背景 …………………………………………… (102)
　　任务 3.3　艺术合成产品图片 …………………………………………… (108)
任务4　制作产品图片特殊效果 ……………………………………………… (116)
　　任务 4.1　图片局部效果增强 …………………………………………… (116)

任务 4.2　制作倒影效果 …………………………………………………… (119)
　　　任务 4.3　为产品添加装饰素材 …………………………………………… (122)
　本项目小结 …………………………………………………………………………… (128)

项目3　产品文本编辑与处理 …………………………………………………… (129)
　任务1　制作产品文字效果 ………………………………………………………… (130)
　　　任务 1.1　认识产品宣传文字 ……………………………………………… (130)
　　　任务 1.2　制作文字艺术效果 ……………………………………………… (133)
　任务2　编辑产品描述 ……………………………………………………………… (141)
　　　任务 2.1　撰写产品描述信息 ……………………………………………… (141)
　　　任务 2.2　纸质载体产品文本信息的数字化编辑 ……………………… (144)
　本项目小结 …………………………………………………………………………… (150)

项目4　商务信息整合编辑 ……………………………………………………… (151)
　任务1　制作产品宣传单 …………………………………………………………… (152)
　　　任务 1.1　市场调研与设计定位 …………………………………………… (152)
　　　任务 1.2　制作宣传单封面、封底 ………………………………………… (154)
　　　任务 1.3　制作产品宣传展示页 …………………………………………… (158)
　任务2　商务电子杂志制作 ………………………………………………………… (162)
　　　任务 2.1　前期策划与素材准备 …………………………………………… (162)
　　　任务 2.2　制作商务电子杂志 ……………………………………………… (168)
　本项目小结 …………………………………………………………………………… (181)

项目5　商务信息网络发布 ……………………………………………………… (182)
　任务1　电子商务平台的认知与选择 ……………………………………………… (183)
　　　任务 1.1　初识电子商务平台 ……………………………………………… (183)
　　　任务 1.2　选择合适的电子商务平台 ……………………………………… (188)
　任务2　电子商务平台注册与信息编辑 …………………………………………… (196)
　　　任务 2.1　注册电子商务平台 ……………………………………………… (196)
　　　任务 2.2　编辑与发布商务信息 …………………………………………… (200)
　任务3　商务信息推广 ……………………………………………………………… (209)
　　　任务 3.1　利用电子商务平台的服务推广信息 ………………………… (209)
　　　任务 3.2　利用其他方式推广信息 ………………………………………… (214)
　本项目小结 …………………………………………………………………………… (220)

参考文献 ……………………………………………………………………………… (221)

项目1 商务信息收集

学习目标

◆ **能力目标**

能够针对不同产品收集各方面信息,包括图片信息与其他信息;能够运用恰当的摄影技法和器材拍摄出完整、清晰、美观的产品照片,以准确、生动、逼真地表现产品主体。

◆ **知识目标**

掌握收集商务信息的一般方法;掌握产品拍摄的基本特征与要求;学会摄影器材的正确使用;学会制作简易摄影棚;掌握产品拍摄的布光和构图原理与技法;学会一定的产品拍摄布景技能;掌握典型材质产品的拍摄技法;学会收集全面的产品信息。

◆ **情感目标**

理解商务信息处理工作的重要性;培养学生的市场竞争意识;培养学生的团队协作精神;培养在工作中吃苦耐劳和精益求精的工作态度。

↘ 任务1 产品图片采集准备
↘ 任务2 产品摄影的布光和构图设计
↘ 任务3 典型材质产品的拍摄
↘ 任务4 收集其他相关信息

任务 1　产品图片采集准备

任务概述

随着电子商务的发展,越来越多的企业通过网络进行贸易活动。面对成千上万家的同行,你的产品该如何才能更具有竞争力?发布信息的专业与否,决定着企业产品是否能够吸引买家,从而进一步获得买家发送购买询盘的机会。本任务旨在使学生掌握产品拍摄的特点和要求,正确操作各种摄影器材,并为产品拍摄制作简易的摄影空间。

任务包括:专业产品信息认知、产品拍摄准备、制作简易产品摄影空间。

任务情境

顾帆从某职业技术学院国际商务专业毕业后回到家乡——江南小城吴江。该城在改革开放后,通过经营外贸产品成为当地首屈一指的富镇。顾帆回到父母开办的家庭小厂,雄心勃勃地想用所学技能支持家庭企业发展壮大。顾帆发现,当地的外贸经营主要靠家族经营、朋友帮带的方式开拓国际市场,而自家的小厂由于规模小、起步晚,还时常受到同行排挤,再加上父母文化水平较低,只会生产,不懂经营,在开拓国际市场时处境艰难,经营状况每况愈下。

一次偶然的同学聚会,顾帆了解到几个昔日同窗好友通过网络开拓市场获得了成功,便产生了灵感,准备上网推荐自家小厂生产的产品。

可是顾帆还是遇到了一些问题:

(1) 应该收集、发布哪些产品信息才能引起网络上潜在客户的关注?

(2) 在产品图片采集时对摄影器材有什么特殊要求,需要掌握哪些摄影技巧才能拍出优质的产品照片?

(3) 家中小厂经营不善、资金有限,能否通过自制简易的摄影辅助器材来代替昂贵的专业摄影棚,帮助家里节省开支?

任务 1.1　认识专业产品信息

任务描述

发布信息的专业与否,决定着企业产品是否能够吸引买家,从而进一步获得买家发送购买询盘的机会。本任务主要识别专业产品信息必须具备的基本要素,学会产品信息的获取途径。

任务分析

产品信息质量标准是贯穿在从买家看到卖家的信息到买家选择和卖家交易的整个过程中

的。发布高质量的信息,不仅可以让买家在电子商务平台搜索产品时更容易找到该条信息,同时也会提高买家选择合作和交易的意愿和概率。如:阿里巴巴用信息质量星级来评定发布信息的质量。这里说的信息质量是指供应信息的质量,不涉及供应商质量及实物产品的具体质量。信息是由多个信息要素组成的,供应信息的质量在很大程度上取决于信息要素的质量,主要包括产品名称、产品描述、产品图片和产品目录等。发布优质的产品信息,首先要做好充分的准备。

图 1-1 所示为一则发布在中国制造网上的产品信息,请阅读这则信息,并完成以下任务。

图 1-1 产品信息

操作 1:

阅读以上资料,分析一则专业的产品信息须具备哪些要素?以上这些信息可以通过哪些渠道来获得?

操作 2:

分小组按不同行业收集高质量的产品信息(建议上网收集)。将收集到的信息汇总,讨论不同企业发布的产品信息有哪些共性。这些共性往往就是一则规范的产品信息所必须具备的基本要素。

知识链接

1. 专业产品信息四要素

要素一：准确完善的产品名称

（1）准确的产品名称

产品名称应是行业内通用的产品名称，以便产品能被买家成功搜索到。产品名称的准确与否直接决定目标买家能否直接找到企业的产品，图1-2所示为粉末涂料（Powder Coating）的产品展示。

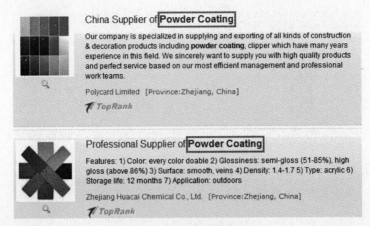

图1-2 准确的产品名称

（2）完善的产品名称

产品名称首先要准确，其次要完善。完善的产品名称，可以向买家充分传递信息，引起买家的关注。因为采购商最关心的是能否在最短的时间内找到最匹配、最合适的供应商，那些为采购商提供便利的供应商，更容易获得采购商的青睐，所以在给产品命名时，除了名称的准确，还要注意使用完整、完善的产品名称；但完善的产品名称不代表冗长，科学的产品名称应是准确、完善的核心产品名。此外，在推广的时候，要给产品编号，如图1-3所示。

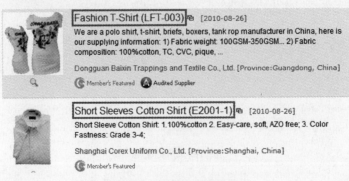

图1-3 完善的产品名称

信息标题是信息内容的核心浓缩。表述清晰并且包含产品关键信息的标题，能够让用户更容易地了解产品，从而吸引买家更多的兴趣。具体有以下几个方面：

① 一个信息标题只描述一种产品，多个产品不要放在同一个标题中；

② 信息标题包含产品相关的关键字；

③ 标题中增加与产品相关的描述性词,丰富标题内容,突出产品卖点。

例如,支持混批、支持支付宝、品牌、型号、款式、颜色、材质、功能、特性、促销折扣信息等。

要素二:专业详尽的产品描述

产品描述,是向潜在买家介绍产品,突出产品优势、特性,激起买家的采购兴趣,进一步发来购买询盘。在浩如烟海的网络产品库中,要使自己企业的产品脱颖而出,必须在描述产品时,注意做到产品描述的详细与专业,产品属性填写完整、正确,如图 1-4 所示,这样可以提高信息在搜索时的命中率,大大提高曝光概率,也能够让买家在第一时间更全面地了解产品。

Bamboo Carpet - 2

Add to Basket　　Add to Product Favorites

Product Description

Beautiful bamboo carpet

Detailed Selling Lead Description
1) Materials:
A) Hand woven 100% bamboo
B) Backing: Gauze / Felt / DOT backing / Anti-slip backing
C) Border: Woven fabric
D) Width of bamboo slat: 7.5mm/17mm
E) Thickness of bamboo slat: 2.5mm
F) Color: Natural / Carbonized
G) Finishing: Varnish / Colornation / Mult
2) Normal dimensions:
A) For Europe: 60x90cm, 90x120xm, 120x180cm, 140x200cm, 160x230cm, 170x230cm, 180x210cm, 200x300cm
B) For North America 2x3, 3x4, 4x6, 5x8, 6x9, 8x10.
3) Natural handmade bamboo carpets
4) Ideal flooring option for the interior decoration
5) Packing:
Inner packing: 1 PC/polybag (rolled), or According customers requiremnts.
Outer packing: According customers requiremnts

6) If any of our bamboo carpet/rug catch your interests, please feel free to contact us to ask for quotations and relative information. You also can let us know the specification of bamboo carpet/rug you need, we will check and make sure whether we can specially produce. For more sample pictures you can browse our website on the picture.

Discounts available for large purchase.

More Product Features

- **HS Code:** 46012100
- **Standard:** super natural
- **Unit Price/Payment:** FOB
- **Origin:** Anji Zhejiang. China
- **Packing:** Inner Packing: 1 Roll/Polybag Outer Packing:
- **Min. Order:** 1000square metres
- **Material:** Bamboo
- **Usage:** decoration
- **Kind:** decoration
- **Company:** Anji Hengsheng Bamboo and Wood Co., Ltd.

图 1-4　专业详尽的产品描述

产品描述基本信息：
- 产品的名称、型号(品牌)
- 产品的应用范围
- 产品完整的规格参数(包括使用材料、具体尺寸等)
- 产品的特点、功能(使用方法)等
- 质量——包括度量单位
- 包装方式及包装尺寸
- 可供选择的颜色、尺寸、款式
- 独特卖点——必要的技术参数，机械、电子产品等技术参数较多的产品，可用表格形式上传

产品附加信息：
- 标准(Standard)
- 商标(Trademark)
- 生产能力(Production Capacity)
- 单价/付款方式(Price/Payment)
- 海关编码(HS Code)
- 原产地(Origin)
- 包装(Packing)
- 最小订单量(Minimum Order)

很多供应商忽视了产品附加信息，实际上买家同样关注这些信息，细节决定成败。

产品详细描述承载了整个产品的详细介绍，包括产品细节图、产品性能、材料、参数表、型号、用途、包装、使用说明、售后服务等方面，图文并茂，突出产品的优势和特点，它是买家决定下单的重要组成部分之一。

根据不同的行业，产品详细描述可能存在不同的介绍方式及侧重点。

在消费品类行业中，特别是小商品、服装、数码等，除了详细的产品文字说明(如产品原料、具体参数、适合人群、包装、运费、服务保障等)外，还需要有多维度的产品细节图，让买家更全面地了解产品。

在工业品类和原材料类的行业中，则更侧重填写全面的产品介绍、参数表格、技术文档、售前售后服务、退换货问题等，建议上传部分产品细节图。

在加工类的行业中，则需要说明加工的产品、产品参数表格、包装、后期服务、运输及公司加工能力等。

要素三：清晰、完整、美观的产品图片

清晰、完整、美观的产品图片应该清晰地展示产品，凸显产品的功能与特性，拍出美感，吸引买家的眼球，这样才能为企业带来更多的买家询盘。图1-5是同一产品在不同拍摄效果下的对比。

- 清晰：模糊的产品图片无法让买家具体了解产品细节。
- 完整：图片应该包括整个产品。
- 背景：白色背景最能凸显产品的品质，去掉杂乱的背景，产品看上去更专业。

如果图片不符合上述要求，可以用Photoshop软件美化处理。

(a) 清晰　　　　　(b) 完整　　　　　(c) 背景

图1-5　产品图片比较

上传产品的清晰实拍大图,可以帮助买家第一时间直观了解产品细节。上传的产品图片会显示在供应信息的搜索结果列表中,也会显示在该条信息的详情页面上。

产品图片上传小知识点:

① 上传图片大小不能超过3MB(客户计算机需安装Flash 10;如未安装Flash 10,上传图片大小不超过200KB);

② 图片文件名不要包含标点符号,或者过长,图片都必须是JPG、JPEG、GIF格式;

③ 单击上传图片按钮后,网站提供自动加水印功能,水印的内容是供应商公司名称,可以根据需要选择。

要素四:准确的产品目录

产品目录要选择正确。在发布供应信息时,可以通过输入产品名称等关键词,快速查找并选择正确的产品类目,也可以按照类目结构,逐级选择产品所对应的类目。

(1) 关键词搜索(Search by Keyword)

此即买家输入某产品的关键词进行搜索。如买家需要采购领带(necktie),那么可以用necktie这个关键词在电子商务平台上进行搜索,如图1-6所示。

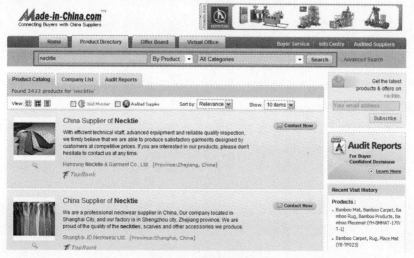

图1-6　关键词搜索

（2）产品目录搜索（Search by Category）

一般电子商务平台都会将产品分为很多类别。如领带产品属于目录：Apparel & Accessories（服装饰件）——Necktie & Bow Tie（领带和领结），买家可以逐级单击目录找到领带，如图1-7所示。假设企业在发布产品信息时错误地将领带产品放在其他目录中，那么买家就搜索不到这家企业的产品了。

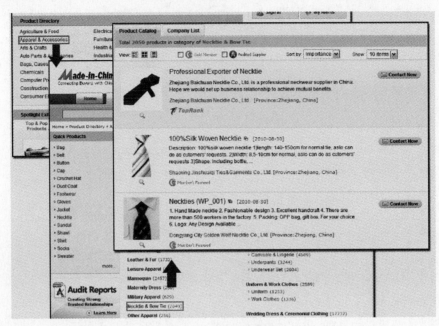

图1-7 产品目录搜索

2．高质量产品信息的优势

优势一：体现卖家专业、用心的形象，更容易赢得买家信任。

优势二：更易受买家的青睐，吸引买家眼球，提高买家下单订购的概率。

优势三：将有更多机会被网站抽取做专题页面的推广或推荐。

3．信息质量评星与排序的关系

信息质量星级是对供应信息质量的展示，星级越高，相应信息的质量就越好。高质量的信息有助于吸引买家的眼光，有助于提升买家对卖家的认可程度，从而更容易促成交易。信息质量星级高的信息，有机会排序靠前。

但除了信息的质量之外，信息的排序先后还受到很多综合因素的影响，如信息的新鲜度、买家搜索行为、市场内同类产品供应商的数量以及所发布产品的数量等。

从长远来看，应不断完善供求信息，多发布一些让买家青睐的高质量信息，同时注意保持信息新鲜度，至少每3天重发1次。

任务1.2 产品拍摄准备

在产品信息四要素中，图片是排在首位的，这是由电子商务的独特性决定的。在实体店铺中,客户要判断一个产品是否是他最终想要的,几乎可以把人类的所有感觉器官都用上,即望、摸、试、闻、尝;但是在网络上交易只能通过视觉这一种感觉方式,而网页能提供给客户进行视觉欣赏的也就只有图片和文字。21世纪已经进入了读图时代,而且相对于文字而言,图片更加直观醒目,客户往往更关注图片而不是需要花时间阅读的文字,所以对于一个产品的所有组成要素来说,图片是最重要的,这一点无可争议。本任务主要完成产品拍摄前的场地、器材和物品准备。

任务分析

一张成功的产品照片,能够影响客户对产品本身的印象,从而影响下一步的交易活动。能否把产品真实、清晰地呈现在客户面前,很大程度上决定着客户能否产生购买动机。同样的产品,不同的图片对客户的吸引力的差异是巨大的;产品图片尽管也可以通过后期处理修补,但原始素材才是后期完美输出的关键。因此产品图片的好坏,90%取决于产品实物的拍摄。产品图片是生意开始的敲门砖,是网络销售的灵魂。

产品拍摄不同于艺术摄影、人像摄影,不需要体现照片的艺术价值和较高的审美品位,要更真实地表现产品的真实面貌,但这决不意味着最终的影像就是枯燥乏味的。产品照片具有无可争辩的纪实性,它是客户对产品产生信赖的重要视觉元素,所以产品图片在画面效果上要求是很高的。产品摄影无论是对摄影师的摄影技术、创意能力还是对摄影器材的要求都较高。一张好的产品照片应该画面清晰、色彩真实、细节表现得当。

俗话说:"兵马未动,粮草先行。"要拍摄出优质的图片,就要在拍摄场地、器材、技术等方面做充分的准备。

任务实施

操作1:准备合适的照相机,熟悉照相机的各项功能与属性

(1)选择合适的数码相机

数码相机是产品摄影最主要的工具之一,任何具备记录影像功能的照相机,都能够用于产品摄影;但是,如果从影像的品质上考虑,要能够有效地控制画面效果、拍摄出高质量的产品照片,就要选择适合产品摄影用的照相机。

首先,选择CCD尺寸较大的相机。CCD即感光元件,是一种能把光线转换成电荷进行读取的装置。CCD越大,它所能记录的图像也就越大。产品摄影需要高质量的影像,能够满足这一要求的照相机,除了镜头的成像质量要高外,能使用较大尺寸的感光元件也很重要,这样才能在拍摄时设定较小的压缩比率,记录下近似原产品大小的图像,确保得到更优质的产品照片。

其次,适合产品摄影用的照相机还需要具有完善的操作性能和各种实用功能,只有这样才能拍摄出各种效果、适应各种对象的拍摄。

◆ 微距功能:是近拍小型物件需要用到的功能。利用微距功能,就有机会拍摄出背景强烈虚化的效果。对拍摄单体产品而言,虚实分明的表现手法简单又有效,用户在拍摄时开启数码相机的微距模式,尽量靠近被拍物体,然后按下快门即可,如图1-8所示。

◆ 手动白平衡:拍摄产品前要对数码相机进行手动白平衡设定,如图1-9所示,以便拍摄出来的照片不偏色,尽可能还原物体的真实色泽。

图 1-8　微距

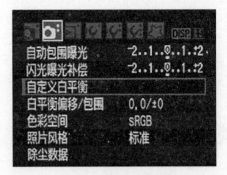
图 1-9　自定义白平衡

最后，照相机的曝光模式中必须要有手动式（M模式），它是由拍摄者直接设定快门速度和光圈值的拍摄模式。在拍摄产品照片时，不应单纯依靠各个产品的反射率自动曝光，而应自主调节不同照明亮度下的曝光值。具体模式类型如下。

◆ **P 模式**（程序自动曝光模式）：是相机根据环境自动生成光圈、快门速度组合并进行拍摄的模式。这是一种相机自动拍摄模式，因此，紧急情况下选择使用这一曝光模式可以实现轻松拍摄。

◆ **S 模式**（快门优化曝光模式）：由拍摄者设置相机快门速度，而后相机根据环境和拍摄者设置的快门速度自动调节光圈值的拍摄模式。适合拍摄移动物体时使用。

◆ **A 模式**（光圈优先曝光模式）：由拍摄者设置相机光圈值，而后相机根据环境和拍摄者设置的光圈值自动调节快门速度的拍摄模式。适合需要调节景深长短程度时使用。

◆ **M 模式**（手动曝光模式）：该模式是由拍摄者直接设置快门速度和光圈值的拍摄模式。此时，最好参考曝光计显示的数值来调节曝光值。在需要准确设定曝光值或者被摄体超出曝光修正范围时，适合使用手动曝光模式。

（2）摄影附件

摄影附件是建立完备的拍摄系统所必需的器材和设置。摄影附件的主要作用在于提高摄影性能，控制或创造特定的画面效果。选择摄影附件应该从拍摄的现场条件和想要取得的拍摄效果等方面考虑。产品摄影所使用的附件种类繁多，可以是用于扩展拍摄功能、提高影像质量的任何东西，但最基本且不可缺少的是三脚架和快门线。

三脚架是在摄影过程中避免因照相机震动而导致图像模糊的重要摄影附件。产品摄影一般对图像有较高的质量要求，而拍摄时照相机震动是使图像质量下降的主要原因之一，加之产品摄影使用较长曝光时间的情况比较多，因而三脚架是不可缺少的附件，如图 1-10 所示。在没有三脚架的情况下，可以使用椅子、箱子之类作为支撑物。

三脚架须配合快门线一起使用，以避免因用手指按动快门而引起的震动现象。产品摄影经常会采用长时间曝光的拍摄方法，所以应当尽量选用带有"T"门锁紧装置的快门线，如图 1-11 所示。

图 1-10 三脚架

图 1-11 快门线

操作 2：准备拍摄静物台，熟悉静物台的性能与使用

静物台是摄影棚中的一个主要设备，主要用来拍摄小型静物产品，使产品展示出最佳的拍摄角度和外观效果。标准的静物台上覆盖了半透明的、用于扩散光线的大型塑料板，以便于布光照明，消除被摄物体的投影。其台面的高度能够按照要求进行调节，放置塑料板的支架的角度也可以在一定范围内转动和紧固，以适合不同的拍摄需要。如果所拍摄的产品比较特别，比如特别小或者细长的物体，就需要临时订制特别尺寸的静物台和支架，有经验的摄影师都采用普通货架的组构件按照拍摄题材和设计的要求，随时组合各种特殊的静物台，如图 1-12 所示。如果没有专用的静物台，也可以用办公桌、家庭用的茶几、方桌、椅子和大一些的纸箱等代替，如图 1-13 所示。

图 1-12 静物台

图 1-13 简易拍摄台

操作 3：准备灯具和反光板，熟悉灯具和反光板的功能、种类与使用

由于产品摄影大都是在摄影棚中完成的，因此，人造光源是最主要的光源。一般而言，任何人造光源都可以做摄影照明，但要想取得较为理想的效果，就需要使用专业的照明灯具；如果有条件，应具备 3 盏以上的照明灯。建议使用 30W 以上三基色白光节能灯，价格相对便宜，色温较好。

为满足灵活布光的需要、控制光质与光的方向，不同的光源又有一系列光源附件供选择使用。如果不希望光线直射，可以使用光源附件，让平淡的画面变得更加饱满，体现出良好的影像光感、质感；同时，利用它适当改变画面中的光线，对于简化画面成分、突出主体也有很好的作用。常用的有反光罩、挡光板、活动遮光挡板、反光板、柔光屏等，如图 1-14 和图 1-15 所示。

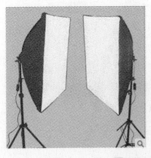 
图1-14　柔光箱

图1-15　反光板

操作4：准备拍摄背景材料，熟悉各种背景材料的功能、种类与使用

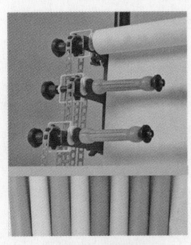

图1-16　背景纸

为了简化被摄产品的背景、消除背景上的垂直墙面和水平地面相交的线条、塑造符合要求的背景色调，可以在拍摄时使用背景纸或背景布。市场上比较多见的是3.75 m×15 m的卷筒型无缝背景纸，这种背景纸有很多颜色，一般通过专用支架悬挂在摄影棚的上方，使用时向下拉出，如图1-16所示。这种背景纸最怕受潮，受潮以后会出现难以消除的起皱现象。如果这种背景纸损坏了一段，可以用刀裁掉，使用余下的部分。

此外，也可以在市场上购买一些质地不同（纯毛、化纤、丝绸）的布料来做背景使用。小件物品的背景选择范围非常广泛，如不同颜色的背景布、卡纸都可以作为背景；首饰或者工艺品可以借助棉、麻、丝、缎，甚至植物叶片等物体突出质感；大件物品室内拍摄，白墙就是很好的背景。

操作5：准备拍摄辅助材料，为所要拍摄的产品选择合适的辅助道具材料

要想更好地表现产品，还需要合适的搭配品辅助拍摄：一方面可以起到烘托产品主体的作用，让产品图片不会过分单调；另一方面精美的搭配品也会吸引客户的眼球。例如，做服饰类实拍的时候，使用一些像牛仔裤、黑框眼镜、精美杂志、帆布鞋这样的百搭物品，一定能让产品增色不少。图1-17和图1-18展示的是同一件衣服，虽然都是实拍图，但给人的视觉印象却相差很多。图1-17由于没有选好拍摄背景，缺乏合适的拍摄道具，给人的感觉像是劣质产品，有一种不卫生、来路不正的心理暗示，这样的产品也不可能是客户想要的；而图1-18由于采用了背景木板和摄影道具拍摄，再加上对产品进行了摆型，将产品的潮流时尚表现出来，色调明快，构图生动自然，给人感觉衣服的档次马上提高了。

不过在使用辅助搭配材料拍摄时要注意：辅助材料与产品主体之间一定要搭配得当，且辅助材料是为突出产品主体服务的，不能摆放在画面的主要位置或视觉焦点，以免削弱产品主体地位而造成喧宾夺主的不良效果。

图 1-17 未使用辅助材料拍摄

图 1-18 使用辅助材料拍摄

1. 产品拍摄的特点和要求

（1）产品拍摄对象

产品拍摄对象，从广义上来说，是指一切可以出售的物体，包括自然界的花卉、树木、瓜果、蔬菜、日常用品、工业用品、手工艺品、历史文物等。本项目是从狭义的角度而论，拍摄的表现范围是室内产品、饰物、花卉、器皿、工艺品等一些体积较小、可以人工摆放的物品。产品拍摄不同于其他题材的摄影，它不受时间和环境的限制，可以在任何时候进行拍摄，拍摄的关键在于对产品有机地组织、合理地构图、恰当地用光，将产品表现得静中有动、栩栩如生，通过产品照片给客户以真实的感受。

（2）产品拍摄的特点

① 对象静止：产品拍摄区别于其他摄影的最大特点，是它所拍摄的对象都是静止的物体。

② 摆布拍摄：摆布拍摄是区别于其他摄影的又一个显著特点，它不需要匆忙的现场拍摄，可以根据拍摄者的意图进行摆布，慢慢地去完成。

③ 还原真实：不必过于追求意境，失去产品的本来面貌。

（3）产品拍摄的总体要求

产品拍摄的总体要求是将产品的形、质、色充分表象出来，而不夸张，如图 1-19 所示。

形，指的是产品的形态、造型特征以及画面的构图形式。要点在于角度选择和构图处理，注意避免失真，最好同时附有参照物，便于客户直接理解产品的实际尺寸。

拍摄关键：尽量和被摄物体保持水平。

质，指的是产品的质地、质量、质感。这是对拍摄的深层次要求，也是展现产品价值的绝好手段。产品拍摄对质的要求非常严格。体现质的影纹层次必须清晰、细腻、逼真；尤其是细微处，以及高光和阴影部分，对质的表现要求更为严格。用恰到好处的布光角度、恰如其分的光比反差，以求更好地完成对质的表现。

拍摄关键：配合使用相机的微距功能、布光和三脚架等。

色，即产品的色彩还原。产品拍摄要注意色彩的统一。色与色之间应该是互相烘托，而不

图1-19　产品摄影

是对抗，是统一的整体。"室雅无须大，花香不在多"，在色彩的处理上应力求简、精、纯，避免繁、杂、乱。特别是服装类产品，拍摄后要及时核对样片，防止出现色差引起售后纠纷。

拍摄关键：自定义白平衡可保证色彩还原准确。

（4）产品拍摄的具体要求[①]

◆ 光线：为了更好地表现产品的形状和细节，一般需要选择同产品大约成45°角的侧光。灯光配置尽可能为两个以上，这样可以保证产品左、右受光均匀。注意：灯光的数量及高、低、远、近对产品都有一定影响。

◆ 背景：拍摄环境背景力求单一，突出被拍摄主体。背景纸的放置方式要恰当，最好成弧形放置，这样能够避免背景上出现接缝和折痕。对于小件物品，可以铺白纸或白布拍摄；对于大件物品，宜使用干净整洁的背景，不能喧宾夺主。

◆ 构图和造型：可以为产品选择合适的道具、突出重点，每个产品单独拍摄。

◆ 上传：利用图片之间的逻辑关系，将产品的正面、背面和侧面图片分别上传。

2．常见静物产品的拍摄特点

静物产品是指人们日常使用的小型产品，这类产品的外形多种多样，质地也各不相同，因此，需要有针对性地运用各种拍摄方法和表现技巧才能完成此项工作。拍摄静物产品的最大特点是需要有最为精确的视觉效果控制，取得最高的影像质量，因而大都需要在摄影棚中进行拍摄，这样可以排除各种外界因素对拍摄活动和画面效果的影响；有时还能够进行精确的构图用光，以最大限度地实现对画面效果的掌握能力。有时需要在外景拍摄静物产品，此时的表现目的一般是以现场环境来衬托产品，以此说明产品的某些特性、烘托某种气氛和情调，如图1-20所示。在这种自然光照明的情况下，可能仍需要运用人造光做补充照明，以获得最佳、最精确的光照效果。

图1-20　户外静物产品拍摄

静物产品拍摄一般在静物台上进行。将产品放至普通桌面的高度，可以取得日常使用该

[①] 阿里学院-产品图片拍摄处理技巧（http://www.alibado.com/course/detail-specialCoursePlay-28485-1.htm）

产品时的视点效果。静物台是能够弯曲的台面,可以制造画面中的各种背景效果,服务于画面。在拍摄一些体积比较小的产品,如戒指、珠宝、首饰以及某些电子元件时,微距镜头必不可少,静物产品的拍摄需要最高的图像清晰度。为取得理想的画面构图,静物产品摄影通常需要根据事先的设计草图来进行拍摄。这种草图仅仅是静物产品拍摄的起点,因为无论多么精细清楚的草图,都不可能预先精确地描绘出最终画面的光影效果。所以,在实际拍摄过程中,需要根据实际情况对道具的布置、拍摄的角度、照明灯光、背景和陪衬物体做适当的调整。

静物产品画面的气氛,在很大程度上取决于构图中所采用的陪衬物以及背景。

任务 1.3 制作简易产品拍摄空间

任务描述

由于我们不是专业的摄影师,设备欠缺,技术有限,因此在没有专业摄影棚条件的情况下,我们需要自行创造辅助拍摄条件,找到合适的代用品来充当拍摄道具。本任务为利用现有的物品,搭建适合产品拍摄的简易空间。

任务分析

简易摄影棚又称为"亮棚",它是一种四周覆盖着柔光布的折叠软箱。当摄影空间不够宽敞时,使用"亮棚"拍摄纯色产品图片不失为快捷途径。如果我们暂时没有专业的摄影棚,完全可以发挥 DIY 的精神,用身边易得的材料制作简易摄影空间。

任务实施

操作 1:搭建适合平铺拍摄的摄影空间

有些产品的形态接近平面,一次只需展现一个面。这种产品的拍摄道具由一些平面组成,照明比较容易控制。

- ◆ 在事先备好的三合板上铺上一层背景纸,将图画纸的 4 个角用透明胶带固定住。
- ◆ 把要拍摄的产品放在背景纸上。
- ◆ 在产品的左边竖起白色板。在拍摄时,白色板会对从右侧照明投射过来的光进行反射,而后投向产品。

使用这些摄影道具进行拍摄时应当注意:要保持好角度的水平与垂直,以免产品的形状出现扭曲。为此,在拍摄时只能把腰弯成 90°。如果保持这种姿势进行长时间拍摄,自然会感到痛苦不堪,但只要把三合板稍微倾斜一下,拍摄者就会感觉比较舒适了。

通过以上内容可以看出,平面摄影的道具比较容易搭建;但是,如果掌握不好相机与产品角度的水平与垂直,产品的形状就有可能会发生扭曲。因此,搭建道具时需要格外注意。

操作 2:搭建适合立体拍摄的摄影空间

大多数产品是立体的,而照片却是二维平面图像,因此,很难用一张照片展现出物体全部的立体感。要想同时拍摄出立体形产品的几个面,就需要制造出较好的阴影效果,搭建摄影道具时应该充分考虑到这一点。

拍摄平面物体时,一般只要有一张既可充当背景、又可放置物品的摄影桌就足够了;但是在拍摄立体物体时,除此之外还需要准备不少东西。

在拍摄立体物体时,因为需要进行正面、背面、稍微向上、稍微向下等多种方向的拍摄,所以要求摄影桌的位置比平面拍摄时略高一些,这样才能保证舒适的拍摄姿势。立体摄影时所需的摄影桌可以用书桌或餐桌替代,如图 1-21 所示。

◆ 利用支架和三合板搭起一个高至腰部的桌子(可以用书桌或餐桌替代)。

◆ 在所搭建的桌子上适度摊开白色背景纸。

◆ 用胶带把背景纸的一端固定在墙面上,另一端固定在桌子前部。此时,从墙面过渡到桌面的背景纸部分不能出现折痕,应以平滑弧度弯曲下来,这样照片背景上才不会再现折痕线,能给人以自然平面的感觉。虽然把背景纸折起来也不会导致拍摄完全失败,但是照片背景上由此产生的那条线的确会干扰人的视线。

图 1-21 搭建立体摄影空间

操作 3:制订细致的产品拍摄计划

◆ 列出需要拍摄的产品项目,确定要拍摄产品的数量

当要拍摄的产品很多时,尤其应做好这一步。因为有时每个产品要突出的内容不一样。有了计划,拍摄时才会有的放矢。如果要用自然光,应控制同一批不要拍太多,因为光线会有变化;如果拍摄数量很多,等拍到最后几件时,光线的角度、颜色可能都变了。

使用自然光最佳的拍摄时间是在下午 1:00—3:00 之间,这时的太阳光最适合拍出好照片。

◆ 明确需要拍摄产品的质地及大小

每个产品材质不同,摄影道具、光照条件、摄影技巧也不同,要事先做到心中有数。

◆ 根据产品的大小、质地,确定拍摄背景、光线

背景要根据即将要拍摄的具体产品事先准备好。如果使用自然光源拍摄,应选好时间和角度;如果使用人造光源拍摄,就应事先布置好现场照明。

◆ 确定产品的拍摄顺序,做到心中有数

在拍摄前应思考从哪个角度拍、怎样拍才能表现产品的特点。

总之,用数码相机拍摄产品,与拍摄日常生活场景有很大不同。拍摄产品照片时,为了突出被摄产品,需要使背景简洁化;另外要特别选择适合产品特性的光源。为了表现产品细节,有时还要用到特写拍摄,拍出大而鲜明的图像。所以,需要加强拍摄静物产品照片的基本练习。

知识链接

1. 搭建摄影空间的所需物品

(1) 三合板或比较宽的木板

三合板的用途很多。当需要把产品垫起来拍摄时,它可以充当地板使用,相当结实牢固;

如果桌子很小,而要拍摄的产品很大,就可以把宽木板垫在桌子上进行拍摄。三合板或木板的尺寸只要与产品相配就行了,如图1-22所示。

(2)背景纸

为了纯化产品照片的背景,需要准备一些背景纸。因为照片背景多为白色,所以白色背景纸是必不可少的。除此之外,还可以根据个人需要准备一些其他颜色的纸张,如图1-23所示。背景纸可以到美术用品店购买。整张大小的厚英国图画纸就很适合充当背景纸。

图1-22 三合板

图1-23 各种颜色的背景纸

白色板、描图纸和英国图画纸都可以在美术用品店买到。需要采取间接照明方式、对光进行透射和反射时常常会用到这些道具。

(3)夹子和胶带

夹子和胶带是必需品,搭建摄影空间时会用到它们去粘贴和连接一些东西。拍摄不同形态的产品需要不同的道具,因此,夹子的种类越多越好,如图1-24所示。

(4)桌子支架

可以使用书桌和餐桌充当桌子支架,不必另行购买,它主要用来支撑三合板。

2. 自制简易摄影空间实例

图1-25~图1-28是几种室内摄影棚的制作方法,都是运用生活中一些常见物品搭建,方便实用。其中照明采用

图1-24 夹子

台灯即可,只是要换成100 W以上的灯泡;框架可以用PVC管,也可以采用其他材料;背景纸也可以因陋就简,布匹也可以考虑;罩布一定要用白色、透光性较强的布。

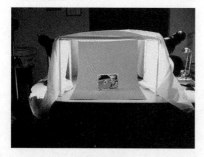

图1-25 摄影棚制作方法一

图1-26 摄影棚制作方法二

图 1-27　摄影棚制作方法三

图 1-28　摄影棚制作方法四

3. 产品图片拍摄基本要领

要想拍摄出吸引人的产品图片,需要有一定的摄影技巧和拍摄方法。这种技术和技巧是建立在如实地表现产品美感的基础上,因为产品的美感直接来自于产品本身的功能,如实地反映出产品的美,在某种程度上也就同时体现了产品的品质和功能。一些基本的技巧可概括如下。

(1) 保持相机稳定

很多初学者常会遇到拍摄出的影像模糊发虚的问题,造成这种情况的原因很多,相机把持不稳是其原因之一,所以在拍摄中要避免相机的晃动。可以双手握住相机,将肘抵住胸膛,或者靠着一个稳定的物体进行拍摄,或者使用三脚架来固定相机。

(2) 让光源在拍摄者身后

摄影是光与影的完美结合,缺少了光线就不能成为摄影,所以在拍摄时需要有足够的光线能够照射到产品上。最简便的方法是使光源处于拍摄者的背后并有一定的偏移,前面的光线可以照亮产品,使它的色彩和阴影变亮,轻微的角度则可以产生一些阴影来显示出产品的质地。

(3) 缩小拍摄距离

有时候,只需要简单地离被摄产品近一些,就可以得到比远距离拍摄更好的效果。有时对产品的某个具有特色的地方进行夸大拍摄,反而会创造出具有强烈视觉冲击力的图像出来。

(4) 拍摄样式的选定

相机不同的举握方式,拍摄出来的图像效果就会不同。最简单的是竖举和横举相机。竖着拍摄的照片可以强调产品的高度,而横举拍摄则可以强调产品的宽度。

(5) 变换拍摄风格

同一风格的产品看多了会给人一种一成不变的感觉,所以应该在拍摄中不断地尝试新的拍摄方法或情调,为产品增添光彩。如可以分别拍摄一些产品的全景、特写镜头等。

(6) 增加景深

景深对于好的拍摄来说非常重要。如果拍摄的产品过于平面,就会失去立体感。所以在拍摄中,应适当地增加一些用于显示相对性的参照物。

(7) 正确的构图

拍摄好产品,构图非常关键。摄影上比较常见的构图有两个原则,即画面被分为 3 个部分(水平和垂直),然后将产品置于线上或交汇处。

一、思考题

1. 产品摄影的特点有哪些?在拍摄时具体有什么要求?
2. 常用产品摄影的器材有哪些?
3. 搭建简易摄影空间需要哪些材料?

二、实践训练

产品拍摄准备作业

任务概述

顺翔进出口有限公司有一批新产品出产,远在欧洲的客户需要了解新产品的概况。考虑到成本,发送产品图片要比邮寄样品实惠且时效性强。要取得产品图片需要拍摄产品,首先要做好拍摄前的准备工作。

作业要求

1. 准备好需要拍摄的产品

按产品大类分组,每组5人左右,收集好需要拍摄的产品。

(1) 对于不需要模特和辅助材料的产品,应保持其完整清洁,并去除包装和其他杂物(如:标签等)。

(2) 对于服装、手表、首饰等产品,考虑是否需要选用人体模型或真人模特,并做好相应准备。

2. 调试好产品拍摄的器材

如果有摄影棚等专业摄影场地,准备好拍摄产品所需的摄影器材,包括数码相机、三脚架、静物台、灯光设备、柔光屏、背景纸等,并调试好相关设备。

3. 制作简易的产品摄影空间

如果没有专业摄影场地,则需要动手制作简易的摄影空间。各小组利用身边现有的材料,分工搭建简易的摄影空间。

4. 选择产品拍摄的辅助道具

有时为了产品布景的需要,可以借助其他材料来辅助拍摄。按照各组的产品类型准备好可能会用到的背景与拍摄道具。

5. 作业时间:100分钟。

6. 作业总分:40分。

任务实施评价

《产品拍摄准备作业》评价表如表1-1所示。

表1-1 《产品拍摄准备作业》评价表

学生姓名:		总分:40分		学生总得分:	
作业名称	产品拍摄准备作业				
作业子项	内　容	子项分值	实际得分	评　语	
	调试拍摄器材	5分			
	制作简易摄影空间	20分			
	准备产品拍摄的辅助道具	15分			

任务2 产品摄影的布光和构图设计

任务概述

摄影是用光来作画的,摄影离不开光,用光造型是摄影艺术的主要表现手段。布光能使作品的影调层次和色调层次更加丰富、主体形象更具变化,从而使产品更加生动,富有表现力。同时构图设计是相当重要的,直接影响到人们的视觉感知和作品的成败。本任务旨在使学生掌握产品拍摄布光与构图法则,灵活运用布光与构图技巧拍摄出清晰、完整、美观的产品图片。

任务包括:产品摄影的布光方式认知、产品摄影的布光设计、产品摄影的构图设计。

任务情境

顾帆在同学的帮助下购买了基本的摄影器材,并自制了简易的摄影空间,着手拍摄自家小厂最近生产的几件新产品。可是,经过多次拍摄,获得的照片都难以令人满意。主要出现的问题是:照片中的产品色调明暗不均、颜色严重失真、重要细节得不到体现、缺少空间感和质感等。顾帆很灰心,认为是自制的摄影空间无法代替专业摄影棚、摄影器材档次太低,准备借钱购买高档器材。恰好此时同学来访,这位在网络经营上如鱼得水的同学自信地用顾帆的小型摄影设备拍摄了几件产品,照片美得让顾帆傻眼了。

于是顾帆决定刻苦练习产品摄影的技术,再也不提借钱升级设备的事情了。在同学的指导下,顾帆从摄影的布光和构图开始学起。

任务2.1 产品摄影的布光方式认知

任务描述

有人把摄影师比做驯服光线的艺术家。的确,摄影是用光来作画的,摄影离不开光,用光造型是摄影艺术的主要表现手段。在这个任务中,我们通过操作实践,体验不同的用光方式会产生差异巨大的效果;掌握产品拍摄中正确的用光方式。

任务分析

对于初学产品摄影的同学,这一次任务有一定的难度,因此建议同学们组成学习小组,合作完成这一次任务。

操作1：认识产品摄影中的光线

观察下列组图，通过被摄体的受光面和投影方向，分析它们各受到何种光线的照射（注意光线的方向以被摄体的角度为准）。

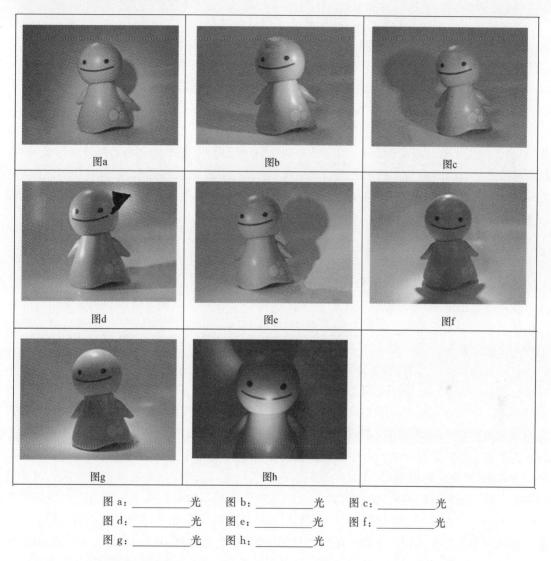

图a：_____光　　图b：_____光　　图c：_____光
图d：_____光　　图e：_____光　　图f：_____光
图g：_____光　　图h：_____光

操作2：认识摄影用光处理

摄影艺术的光线处理，是服从于主题思想（或内容）、服从于被摄对象与环境背景的；既要注意所布光线气氛与环境的真实感，又要比一般的现实生活光影效果更好，使拍摄的形象比在自然光源下更完美。摄影用光光源有两种：自然光源和人工光源。我们除了可以在室外利用自然光和反光板补光拍摄外，还可以在室内利用灯光拍摄。摄影棚是产品摄影的主要摄影场地，大部分产品的拍摄都是在摄影棚内完成的。如果没有足够的灯光，照片的效果一定不理想。人工布光与自然光不同的是可以随意摆布灯光的位置、控制光线的亮度以及光质效果，从而实现创意效果。在摄影中,光不仅能够影响被摄物再现的形状、影调、色彩、空间感以及物体的材质感、美感,而且能强化或削弱被摄体某些方面的表面特征。光线布置的方式,对照片影调效果具有决定性的影响。

操作3:学会产品摄影的常用布光方式

(1) 利用室内自然光

如果使用室内自然光拍摄产品,我们应该了解这种光线的特点和使用要求。这种看似简单而且容易使用的光线条件,非常可能导致拍摄的失败。由于室内自然光是由户外自然光通过门窗等射入室内的光线,方向明显,极易造成物体受光部分阴暗部分的明暗对比,既不利于追求产品的质感,也很难完成其色彩的表现。对于拍摄者来讲,运用光线的自由程度即受到限制。

要改变拍摄对象明暗对比过大的问题,一是要设法调整自己的拍摄角度,改善产品的受光条件,加大拍摄对象与门窗的距离;二是要合理地利用反光板,使拍摄对象的暗处局部受光,以此来缩小产品的明暗差别。利用室内自然光拍摄产品照片,如果用光合理、准确、拍摄角度适当,不仅能使产品的纹路清晰、层次分明,而且能达到拍摄对象受光亮度均匀、画面气氛逼真的效果。

(2) 布置人工光源

人工光源主要是指各种灯具发出的光。这种光源是产品拍摄中使用非常多的一种光源。它的发光强度稳定,光源的位置和灯光的照射角度可以根据自己的需要进行调节。如何使用人工光源进行拍摄,要根据拍摄对象的具体条件和拍摄者对于表现方面的要求决定。灯光是以点状光源或柔光棚光源及反射光线等形式对产品发生作用。许多情况下,拍摄对象的表面结构决定着光源的使用方式。

在一般情况下,产品拍摄是依靠被摄产品的特征吸引买方的注意,光线的使用会直接关系到被摄产品的表现。要善于运用光线明与暗、强与弱的对比关系,了解不同位置的光线所能产生的效果。顺光能使被摄体受到均匀的照明,影调比较柔和,能隐没被摄体表面凹凸及褶皱,还能较好地体现产品固有的色彩效果。因此,在进行光线处理时,往往把较暗的顺光用做副光或者造型光。侧顺光是产品拍摄中主要的塑形光,能使被摄体产生明暗变化,较好地表现出产品的立体感、表面质感和轮廓,并能丰富画面的阴暗层次,起到较好的造型塑型作用。侧光能使被摄产品有明显的阴暗面和投影,对产品的立体形状和质感有较强的表现力。侧逆光使被摄产品大部分处在阴影之中,被照明的一侧往往有一条亮轮廓,能较好地表现产品的轮廓形式和立体感。逆光能使被摄产品处在阴影之中,只有被照明的轮廓,因此画面层次分明,能表现空气透视效果。顶光使被摄产品的水平面照度大于垂直面照度,产品的亮度间距大,缺乏中间层次,在顶光下拍摄产品,会产生反常的、奇特的效果。脚光会形成自下而上的投影,产生非正常的造型,常被用来表现画面中的光源(如油灯、台灯、篝火等)自然照明效果,或者用来渲染特殊气氛的造型手段,这种光线对产品的细节有修饰和美化的作用。

熟悉和掌握上述各种位置灯光的作用和效果,在拍摄过程中,可以先使用一只照度较大的单灯在拍摄对象的前、后、左、右位置进行照明试验,细心观察不同位置光线所能产生的不同效果,了解它对拍摄对象的表现所产生的作用。图1-29所示是不同光源位置下拍摄对象的质感。

图 1-29　不同光源位置下拍摄对象的质感

利用室内灯光进行产品照片的拍摄,其光线的类型大致可以分为主光、辅助光、轮廓光、背景光、顶光、地面光等几种。在一般情况下,拍摄的过程只采用3～4种光线类型即可。

对于拍摄者来说,在布置各种类型的光线时,切忌将所有的灯光一下子全部照射到被摄对象及其背景等处,这样做势必造成光影的混乱。正确的布光方法,应该注重使用光线的先后顺序,首先要重点把握的是主光的运用。因为主光是所有光线中占主导地位的光线,是塑造拍摄主体的主要光线。当主光作用在主体位置上后,其灯位就不再轻易移动。然后再利用辅助光来调整画面上由于主体的作用而形成的反差,要适当掌握主光与辅助光之间的光比情况。辅助光的位置,一般都安排在照相机附近,灯光的照射角度应适当高一些,目的是降低拍摄对象的投影,不至于影响到背景的效果。辅助光确定以后,根据需要再来考虑轮廓光的使用。轮廓光的位置,一般都是在产品的左后侧或右后侧,而且灯位都比较高。使用轮廓光时,要注意是否有部分光线射到镜头表面,一经发现要及时处理,以免产生炫光。其后再按照拍摄需要,考虑背景光等其他光线的使用。全部所需光线部署好以后,再纵观全局,做一些必要的细微调整。当然这种有主有从、有先有后的布光顺序是在一般情况下,针对一些特殊的拍摄对象而言的;光线的使用,并不一定拘泥于主光到辅助光再到轮廓光这种用光顺序,有时只需要一只灯照明,有时将顶光作为主光使用。所以,拍摄者可通过反复实践,掌握用光的规律,就能很好地把握产品拍摄中光线的使用效果了。

知识链接

1. 产品摄影中的光线运用

在产品摄影中,布光是一项创造性的工作,它不仅体现着摄影师的个性和风格,而且关系到一幅作品的成败。在摄影中,光线特性的研究一般从光源位置(光位)、光源性质(光质)、光源强度(光度)、光源种类(光型)、光源照度比例(光比)和光源颜色(光色)等6个方面着手。

(1) 光位

光位是指光源的照射方向及光源相对于被摄物的位置。摄影中,光位决定着被摄体明暗所处的位置,同时也影响着被摄体的质感与形态。光位可以千变万化,但在被摄体与相机位置相对固定的情况下,光位可分为顺光、侧光、逆光、顶光、脚光和散射光等6种。

- ◆ 正面光:光线来自被摄物的正面,又称顺光。正面光照射的被摄物令人感觉明亮,但立体感不强,缺乏明暗变化。
- ◆ 前侧光:指45°方位的正面侧光。这是最常用的光位,前侧光照射的景物富有生气和立体感。前侧光常常被用做主光。
- ◆ 侧光:又称90°光。侧光下被摄物体有强烈的明暗对比,呈所谓的"阴阳"效果。
- ◆ 后侧光:又称侧逆光。光线来自被摄物的侧后方,能使被摄物的一侧产生明显的外轮廓线条,使主体与背景分离,加强画面的空间感和立体感。
- ◆ 逆光:又称背光。光线来自被摄物的正后方,逆光能使画面的整个物体产生明亮生动的外轮廓线条,使主体和背景分离,加强画面的空间感和立体感。拍摄玻璃器皿时常被用做主光源,来表现玻璃器皿的透明感和轮廓线。

(2) 光质

光质是指光的硬、软特性。所谓**硬**,指光线产生的阴影明晰而浓重,轮廓鲜明、反差高;所谓**软**,指光线产生的阴影柔和不明快,轮廓渐变、反差低。硬光带明显的方向性,它能使被摄物产生鲜明的明暗对比,有助于质感的表现,硬光往往给人刚毅、富有生气的感觉;软光则没有明显的方向性,它适于反映物体的形态和色彩,但不善于表现物体的质感,软光往往给人轻柔细腻之感。

(3) 光度

光度是光的最基本因素,它是光源发光强度和光在物体表面所呈现亮度的总称。光度与曝光直接相关,光度大,所需的曝光量小;光度小,所需的曝光量大。此外,光度的大小也间接地影响景深的大小和运动物体的清晰或模糊。大光度容易产生大景深和清晰影像效果;小光度则容易产生小景深和模糊的运动影像效果。

(4) 光型

对被摄体而言,拍摄时所受的照射光线往往不止一种,各种光线有着不同的作用和效果。**光型**就是指各种光线在拍摄时对被摄体起的作用。光型通常分为主光、辅光、轮廓光、装饰光和背景光等5种。

- ◆ **主光**:主光是指被摄体的主要照明光线,它对物体的形态、轮廓和质感的表现起主导作用。拍摄时,一旦确定了主光,则画面的基础照明及基调就得以确定。需要注意的是,对于一个被摄体来说,主光只能有一个,若同时将几个光源作为主光,被摄体要么受光均等,分不出什么是主光,画面显得平淡;要么几个主光同时在被摄体上产生阴影,画面显得杂乱无章。
- ◆ **辅光**:辅光的主要作用是提高主光所产生阴暗部位的亮度,使阴暗部位也呈现出一定的质感和层次,同时减小影像反差。在辅光的运用上有一点要明确,辅光的强度应小于主光的强度;否则,就会造成喧宾夺主的效果,容易在被摄体上出现明显的辅光投影,即"夹光"现象。
- ◆ **轮廓光**:轮廓光是用来勾画被摄体轮廓的光线。轮廓光赋予被摄体立体感和空间感。逆光和侧逆光通常用做轮廓光,轮廓光的强度往往高于主光的强度。深暗的背景有助于轮廓光的突出。

◆ 装饰光：**装饰光**主要是用来对被摄体局部进行装饰或显示被摄体细部的层次。装饰光多为窄光，人像摄影中的眼神光、发光以及产品摄影中首饰品的耀斑等都是典型的装饰光。

◆ 背景光：**背景光**是照射背景的光线，它的主要作用是衬托被摄体、渲染环境和气氛。自然光和人造光都可用做背景光，背景光的用光一般宽而软，并且均匀，在背景光的运用上，特别注意不要破坏整个画面的影调和主体造型。

（5）光比

光比是指被摄体上亮部与暗部受光强弱的差别。光比大，被摄体上亮部与暗部之间的反差就大；反之，亮部与暗部之间的反差就小。通常，主光与辅光的强弱及与被摄体的距离决定了光比的大小。光比的大小直接影响画面的影调、层次、反差，形成不同的色调形式，产生不同的造型效果。光比主要体现在3个方面：同一反光率表面的主光与辅光之比；相邻部位、不同反光率的物体表面亮度值或照度值之比；被摄体范围内最高亮度与最低亮度的最大光比。布光时，一般要求光比控制为1∶2～1∶4。光比的控制主要靠调整主光与辅光的亮度和与被摄物的距离远近，还可用反光板对暗部进行补光。控制光比是摄影造型中光线处理的关键步骤，是形成摄影造型风格的重要因素。

（6）光色

光色是指光的"颜色"或色光成分，通常也称为色温。光色决定了光的冷暖、可渲染被摄物的画面情调和气氛，并引起情感上的联想。

2. 光线与气氛

产品拍摄所表现的气氛，是给予购买者的一种情感反应，这种气氛是在拍摄过程中由于光线的作用而产生的，如图1-30所示。

图1-30 光线的氛围

由特定的光线所表现出来的气氛，只是在有意识地保留这种光线照明特征的情况下，才能真正体现出来。比如，在逆光的照明条件下，拍摄对象的明暗反差会很大，被摄体朝向照相机镜头的这个"面"往往会呈现在阴影中，如果不恰当地使用辅助光线，从物体的正面照射，把物体的背光面照得很亮，想着去表现被摄体更多的细部层次，这样做，不仅会失去画面上逆光摄影的光线感觉，更重要的是由此破坏了照片画面的整体气氛。

气氛的表达要借助光线的作用，而光线的作用则是依据主体的表现需求，在遇到上述情况时，首先应想到如何协调质感表现、气氛渲染与主体内容表达之间的关系。根据所使用光线的造型作用和特点，调整好主光与辅助光的光比结构，利用画面气氛，更好地刻画静物拍摄画面的主体。

任务2.2 产品摄影的布光设计

光在摄影中不仅用来客观地表现物体形态特征，还可以传递给人以感受。在再现静物产

品形状、体积、色彩、质感、空间等视觉信息的同时,也展现了诸多静物产品积极美好的方面。本任务将运用典型的摄影布光方式对产品拍摄进行布光设计。

任务分析

摄影师不能单纯从表象来观察光,而应寻思"光"所包含的情感语言。对被摄物来说,不同的采光角度、亮度,得出的效果是不同的。掌握光在摄影作品中的效应,并且对此感觉敏锐,是摄影师的本能,犹如画家熟练地运用颜料来描绘物体一样,摄影师是运用布光来"描绘"被摄体的。

任务实施

对比图 1-31 中两个被摄体的光线效果,指出哪一种效果好。

思考:要实现理想的拍摄效果,应如何进行科学合理的布光设计?

图 1-31　不同光线环境下的拍摄效果

操作 1:运用常用背景布光方式

(1) 背景灯光的运用

在产品拍摄中,背景灯光如果运用合理,不仅能在一定程度上清除一些杂乱的灯光投影,而且也能更好地渲染和烘托主体。

背景灯光的布光有两种形式:一种是将背景的照明亮度安排得很均匀,尽可能地在背景上没有深浅明暗的差异;另一种是将背景的光线布置成中间亮周围逐渐暗淡的效果,或从背景上部暗逐渐向下过渡的光线效果。通过光线对背景的调整,可以使背景的影调或色彩既有明暗之分又有深浅之别,将拍摄对象与背景融成一个完美的整体,会得到非常好的拍摄效果。

如果将背景灯置于主体物的背后,从正面照亮背景,就会在背景上形成一个圆形的光束环。灯光位置距离背景的远近,决定了光束环的大小,我们可以根据主体表现的需要自行调整。这种方法既简便,又可以表现出较好的画面效果,不妨按此方法去拍张静物照片。

(2) 无投影布光

无投影布光是在拍摄时设法把画面上的投影去掉,制造一种梦幻般透明的画面效果。无投影布光所拍的作品,能使影像偏离人们常规的视觉感受,产生神秘或奇特的意味。

◆ 利用玻璃台面

如图 1-32 所示,进行拍摄时,应准备一块玻璃放在摄影台架上。玻璃下方要留有足够的空间和足够的高度,使被摄物的投影偏离出胶片影像以外。玻璃台面架好后,将被摄物放在玻璃台面适当的位置,在玻璃下方的地上放置一张所需色调的背景纸,然后调整相机的位置,并进行画面构图。机位角度要偏高,以对焦屏四周不露出玻璃的边缘为准。对被摄物布光既要考虑它的造型照明,又要确保被摄物的投影透过玻璃落在地上的背景纸后面。有时还可用另一盏闪光灯专门从玻璃板下方照射背景纸以消除投影。若要全黑背景的画面,可将被摄物放在黑绒布或黑衬纸上,或将被摄物放在玻璃台面上,再将黑绒布或黑衬纸放在台下拍摄。

◆ 利用半透明台面

把被摄物放在半透明的有机玻璃或塑料板上,从台面下方向上打投射光,同样可以消除投影。用这种布光方式时,如果从下至上的光线照度不够或被摄物形象不够完美,还可以从上面进行补光。半透明台面通常为乳白色,由下而上的投射光如果加上色片,背景不但会有

图1-32 利用透明台面拍摄的酒类产品

色调,而且色光还会对被摄物有映照,产生色彩趣味。当然使用有色光要得当,否则会弄巧成拙。图1-33所示为利用半透明的玻璃台面拍摄的金属产品。

图1-33 利用玻璃台面拍摄金属产品

(3)白背景布光

要使画面得到明亮的白背景效果,首先要处理好画面中被摄物与背景的明暗关系,任何的背景处理都是为了更好地突出主体。第一种方法是在主体的最亮处准确曝光的基础上再增加一级EV值的曝光量;第二种方法是在被摄物后安放一张描图纸或半透明的丙烯板,在描图纸或丙烯板的后面用相应的灯做强光照明,再就是用亮白色的背景借助照明灯的反射光营造白色背景,如图1-34所示。

图1-34 白背景布光

(4)渐变背景布光

渐变背景就是背景呈渐变的影调。这在产品摄影中是常用的背景处理方式,除了直接用

渐变背景纸外,还可以通过布光技术,令背景产生渐变效果,如图1-35所示。

图1-35 渐变背景效果

第一种方法是对照射在背景上的灯做局部适量的遮挡,使背景上的光量呈渐变效果。例如,想产生上深下浅的渐变背景,可适当遮挡投射到背景上部的灯光。第二种方法是把背景纸摆放成圆弧形,通过背景纸距灯光的远近所造成的反射光强度的不同,使背景产生渐变的效果。如果想拍摄圆形渐变背景,有两种常用的方法:一种是用产生圆形光束的聚光灯从背景纸的后方照射,调节聚光灯至背景纸的距离可变化圆形投影的大小,聚光的光束大小能影响渐变效果;另一种是在黑卡纸上挖个洞,洞口处衬上描图纸或类似的半透明柔光纸,灯光也是从背景的后方照射,光源的光质变化会影响渐变的程度。

操作2:简易摄影棚的通用布光方式

简易摄影棚的灯光布局简单,基本采用左右夹光消影法。在拍摄产品照片时,一般不用相机所附带的闪光灯,因为闪光太强,对于一些容易反光的物体反而会因为炫光而造成不清楚的情况。比较好的办法是用两盏灯分别在产品的左右进行打光,这样可以消除因单方向打光在产品上所产生的阴影。地光源方面无太大限制,持续光源和瞬间光源均可,唯一要保证的是色温准确,尽量避免白色以外的光源。简易摄影棚左右两边的灯光输出功率要保持一致,灯光不应过于贴近亮棚边缘,以免光线聚集。另外,虽然简易摄影棚可兼容持续光源和闪光光源拍摄,但是持续光源穿透简易摄影棚柔光板后,会带来不同程度的光量衰减,因此可增添固定相机,并采用低速快门拍摄。简易摄影棚的灯光布局和左右夹光消影法分别如图1-36和图1-37所示。

图1-36 简易摄影棚的灯光布局

图1-37 左右夹光消影法

一般来说,拍摄小件的产品,两盏60 W的节能灯就足够了;对于大型产品,建议在有条件的情况下灯具的功率应大一些,这样拍摄时光照比较强,色彩还原才会准确。

布光对主题表现[①]

1. 直接表现

直接表现是指布光对产品或其构成的情节直接渲染气氛。这种布光大部分直接作用在主体上。由于光有冷暖、强弱、明暗之分,所以表现出的主题和氛围也不尽相同。

图1-38(a)中,在香水左右两边布置两盏没有加柔光布的闪光灯,光线比较硬朗、响亮,所以出现了低调的作品,作品传达出的是香水神秘而浓郁的气息;而图1-38(b)中同样是这种香水,在静物台背后打上柔光闪光灯,表现了香水瓶子的丰富层次,显得高贵典雅。

(a)　　　　　　　　　　　　(b)

图1-38　布光强弱对产品主题的表现效果

再看图1-39(a)和图1-39(b),都是两侧打光,只是图1-39(a)在被摄体后加了盏柔光闪光灯。但最主要的区别还是光源所产生的色温不同。图1-39(a)的色温在3 200K左右,所以产生暖调的效果,产品显得高贵;而图1-39(b)的色温大约是5 400K,产生冷调的效果,给人一种素雅的感觉。

---

① 资料来源:http://www.alibado.com/course/detail-image Textplay-16019-1.htm

（a） （b）

图 1-39　布光冷暖对产品主题的表现效果

2. 间接表现

间接表现是指对画面陪体、背景或氛围加以渲染。这种布光只是为了增强主体氛围，而不是直接塑造主体，它必须和其他塑造主体的光进行互动。

（1）对画面装饰性的用光

这种光是用来对画面整体进行装饰或突出表现被摄体局部特点。冲光的画面效果、首饰品的耀斑、星光效果、多种光色点缀的效果等都是典型的装饰性光。在黑色背景上抠出一小洞，在背景后面打一盏闪光灯，射出一束光，形成星光效果，使主体更加绚烂耀目，如图1-40(a)所示。

（2）对背景的用光

对背景的用光要么是用均匀统一的布光，要么是有对比的渐变布光。要能破坏整个画面的基调，否则不但起不到烘托主题的作用，还会改变作品主旨。背景用光，既要讲究对比，又要注意和谐统一。图1-40(b)就是在黑色背景上打上了一盏偏蓝的聚光来与偏黄的主体进行色彩互补，从而突出主题。

（a） （b）

图 1-40　对背景的用光

（3）对陪衬物的用光

对陪衬物的用光大多数情况下直接就用对主体塑造的布光来附带表现，但有时也专为陪衬物设一盏灯。对陪衬物的用光不能破坏主体的光影效果，光本身不能太突兀。图1-41就是在塑造香水主体布光完整的前提下，针对陪衬物——丝绸打了一盏蓝色灯片的闪光灯，使主体表现得更为妩媚动人。

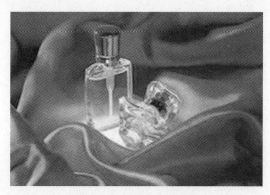

图1-41　对陪衬物的用光

一、思考题

1. 产品摄影布光与哪些因素有关？
2. 在产品摄影布光中，主要包括哪些光位？
3. 常见产品布光方式有哪些？分别需要哪些布光器材？

二、实践训练

产品摄影的光影设计作业

任务概述

天逸丝绸进出口有限公司正要拍摄一批新产品的照片，产品材料、摄影场地、摄影器材等已经准备就绪。众所周知，摄影用光对被摄产品照片的真实再现具有决定性的影响。请运用摄影布光原理对产品进行合理布光。

作业要求

1. 各类光种的布置

以小组为单位，选择一件产品，分别练习主光、辅光、轮廓光、装饰光和背景光的布置，并在任务书上记录下布光点位，保存用各类光型拍摄的照片。

2. 无投影布光拍摄产品

以小组为单位，设计一种无投影布光的摄影空间，在任务书上记录主要思路、所需器材、布光点位等，并用照相机拍摄若干无投影布光的产品照片并上交。

3. 白背景布光拍摄产品

以小组为单位，运用相关器材布局白背景的摄影空间，在任务书上记录主要思路、所需器材、布光点位等，并用照相机拍摄若干白背景布光的产品照片并上交。

4. 渐变背景布光拍摄产品

以小组为单位,运用相关器材布局渐变背景的摄影空间,在任务书上记录主要思路、所需器材、布光点位等,并用照相机拍摄若干渐变背景布光的产品照片并上交。

5. 将拍摄的产品照片和任务书上交教师,任务书如下所示。

6. 作业时间:120 分钟。

7. 作业总分:40 分。

项目任务书

项目名称:_____

拍 摄 者:_____ 同组成员:_____

产品名称:_____ 材　　质:_____

布光种类与方式(以简单的图标来表示)

任务实施评价

《产品摄影的光影设计作业》评价表如表 1-2 所示。

表 1-2 《产品摄影的光影设计作业》评价表

学生姓名:		总分:40 分		学生总得分:
作业名称	产品摄影的光影设计作业			
	内　容	子项分值	实际得分	评　语
作业子项	各类光种的布置	10 分		
	无投影布光	10 分		
	白背景布光	10 分		
	渐变背景布光	10 分		

任务 2.3　产品摄影的构图设计

任务描述

产品摄影的构图,可将其理解为静物画面的构图。构图具有普遍性,是视觉观念的有效传达。产品摄影构图与人们的视觉经验相互联系。本任务将完成产品拍摄环境的选择、拍摄构图设计、拍摄造型和细节拍摄。

任务分析

产品拍摄在构成方面遵循摄影的一般构图要求,只是在某些方面,产品拍摄的构图要求更高、更细。因为产品拍摄不同于其他的摄影题材,是通过拍摄者主观意图摆设出来的,所以构图就要求更加完整、严谨,画面中各种关系的处理也要求合理。产品在画面中布局的过程,就是建立画面各种因素的开始。这其中包括主体的位置、陪体与主体关系、光线的运用、质感的表现、影调与色调的组织与协调、画面色彩的合理使用、背景对主体的衬托、画面气氛的营造等。

操作 1:拍摄环境的选择和处理

(1)背景的选择

产品拍摄中,背景在表现主体所处的环境、气氛和空间方面,在表现整个画面的色调及其线条结构方面,有着很重要的作用。由于背景的面积比较大,能够直接影响画面内容的表现,背景处理的好坏,在某种程度上决定静物拍摄的成败。在网上,我们经常看到一些不成熟的产品照片,都是把产品随意放在带颜色的桌上或地板上直接拍摄的,这显得很不专业。比较简易的做法是利用办公桌布置一张静物摄影台,只要将尺寸合适的产品放在自制的摄影台上,固定好背景纸,就能配合各种光源进行拍摄了。背景颜色可以根据准备拍摄产品的种类进行选择。摄影台对被摄物本身没有光处理功能,所以在这样的条件下拍摄产品照片,对光源的要求比较高。

背景环境要力求单一,不能过于杂乱,一般是黑、白、灰 3 种颜色。例如,服装用灰色背景拍摄,会显得很高贵。

背景使用的材料主要有:专用的背景布(纸)、呢绒、丝绒、布料、纸张和墙壁等。背景布(纸)一般都是白色,如果物品本身已经是浅色或白色,就要考虑用深色的背景,这样可以凸显产品。如果是从上方拍摄,可以把产品放在铺有背景布(纸)的桌子上;如果是从产品的前方拍摄,可以先把背景材料固定在产品后方的墙上,再把产品靠在背景材料上。图 1-42 是不同场景下的拍摄效果对比。

图 1-42 不同场景下的拍摄效果

如果产品比较小、数量种类比较多,可以考虑购买一个摄影棚。摄影棚配合阳光或者摄影灯具使用,能够很方便地屏蔽掉强烈的太阳光线或附近可能造成干涉的环境光源,独立地营造出一个摄影小空间。它可以把入射的光线作为漫散射的折射处理,很有效地对产品的背光部位进行补光,让产品的暗部细节也展露出来,形成逼真、诱人的产品图片。

(2)背景色彩的处理

背景色彩的处理,应追求艳丽而不俗气、清淡而不苍白的视觉效果。背景色彩的冷暖关系、浓淡比例、深浅配置、明暗对比,都必须从更好地突出主体对象总的前提出发。可以用淡雅的背景衬托色彩鲜艳的静物,也可以利用淡雅的静物配以淡雅的背景。在这方面没有一定的规律和要求,只要将主体和背景的关系处理得协调、合理即可。

黑与白在产品拍摄背景中的使用,已逐渐受到人们的重视,对于主体的烘托和表现,黑与白有着其他颜色背景达不到的效果。尤其是白背景给人简练、朴素、纯洁的视觉印象,会将主体表现得清秀明净、淡雅柔丽。如果想要拍摄静物照片,不妨使用白背景尝试一下,也许能获得意想不到的效果。图1-43是不同背景色彩下的拍摄效果。

图1-43　不同背景色彩的拍摄效果

（3）背景的"虚化"处理

如果在室外拍摄静物照片,会受到杂乱背景的影响。因此,为了不影响主体的表现,对背景进行虚化处理是很必要的。

处理的方法:一是采用中长焦距的镜头进行拍摄,发挥这种镜头焦距长、景深小的性能,虚化背景;二是拍摄时尽量不用太小的光圈,避免产生太大的景深;三是控制主体与背景之间的距离,来达到虚化背景的目的。

如果在室内运用自然光拍摄静物照片,利用较慢的快门速度,在拍摄开启快门时,同时将背景进行左右或上下的快速移动,同样可以达到虚化背景的目的;但需要两个人进行操作,快门速度也应该在1/2秒以下。

操作2:拍摄构图设计

构图时要根据不同的拍摄对象做不同的安排。拍摄历史文物,为求其平稳、庄重,一般都放在画面居中的位置上;拍摄陶瓷奔马,应该在主体的奔跑方向前留出一些空间;拍摄细长的静物,可以将其放在画面中间略偏向一边的位置上,用其投影来达到画面的平衡;拍摄大一些的物体,画面布局应当充实,给人一种大的感觉;拍摄小的静物,画面上就可适当留些空间,让人感觉其小;拍摄多个物体,就应考虑相互的陪衬和呼应关系。图1-44和图1-45分别是化妆品和毛巾的常见拍摄构图。对于静物拍摄画面的布局和构图的把握,要靠平时的练习和积累,这样运用起来才能得心应手。

图 1-44 化妆品拍摄构图

图 1-45 毛巾拍摄构图

操作 3:拍摄造型

拍摄静物产品的过程可以看做是对于产品形象的塑造过程,因而对产品辅助道具的加工处理是必不可少的步骤,静物产品摄影的很大一部分技术内容,包括了辅助道具的加工处理。由于被摄产品的性质千差万别,对于产品辅助道具的修饰美化也没有任何定式,需要我们不断在实践的过程中积累经验。此外,当可能出于某种原因,需要使用代用道具来进行拍摄时,需要注意代用道具同实物产品之间的差距不能太大,否则就有可能在无意之中犯下欺诈行为。图 1-46 和图 1-47 分别是化妆品和丝巾的常见拍摄造型。

图 1-46 化妆品拍摄造型

图 1-47 丝巾拍摄造型

静物产品的拍摄一般都有比较充裕的时间来安排布置道具和灯具,可以反复推敲和尝试各种取景和布光的效果。这应当视为是发挥创意、取得最佳画面效果的条件,而不是可以因此采取不在乎的工作态度。

在静物产品的拍摄过程中应该始终牢记:所有的工作都是为了产品的销售,所拍摄的画面必须能够激发起观众对该产品的极大兴趣。此外,有时为了表现某些产品概念,画面中的道具起着诠释某种意义的语言作用,在拍摄这类画面时,除了需要解决技术问题之外,还要让观众理解画面的语义,这是照片的根本目的。

操作4:展示产品细节

对商品外形的第一感觉是买家决定是否购买的关键;但对诸如背包、钱包这类商品而言,买家十分关注内部的设计。拍摄时,首先取出填充在包里面的报纸或泡沫塑料,将包完全打开,然后进行拍摄。

尽量让照明光线能够进入到包里面。包通常由特定材质做成,如果想充分表现包的材质,拍摄时最好将特定部分放大,同时还要仔细拍摄堪称包特色的部分。对包来说,肩带非常重要,因此一定要拍摄。牢固的缝制和结实的拉锁能体现包的品质,所以在拍摄时一定要表现出来。图1-48展示了包的细节部分。

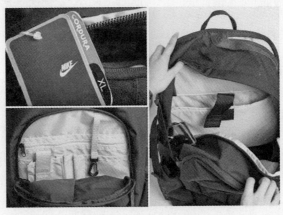

图1-48 展示产品细节

知识链接

1. 产品摄影构图的原理

一张产品摄影照片的构图应符合完整、均衡、简洁3个基本原则。纷杂的画面、过多的信息含量对有效的产品摄影视觉传达及交流都是无益的。产品摄影构图强调和谐、有节奏、均衡的原则,它们可以使摄影画面更具有视觉吸引力、更生动、更有利于通过视觉来传达产品的信息,传达摄影作品的观念与情感。

按照构图的基本要求,应在简洁中求主体的突出,在均衡中求画面的变化,在稳定中求线条和影调的跳跃,在生动中求和谐统一,在完整里建立内容与形式的相互联系。在准备拍摄之前,要对被摄产品进行仔细观察,取其最完美、最能表现自身特点的角度,然后将其放在带有背景的静物拍摄台上。

2. 常见的静物拍摄构图形式

(1) △型(三角形)构图

△型构图就是我们常说的三角形构图。这种构图是静物拍摄最常用的一种形式,它所表示的景物画面具有稳定性和庄严的感觉。三角形构图需要注意的是:主次的关系一般形成不等边的三角形,显得既稳定又不呆板,如图1-49所示。

图 1-49　△型(三角形)构图

(2) ▽型(倒三角形)构图

与三角形构图相反,这种倒三角形构图极富动感,在不稳定的情绪中力求感觉上的变化。这种构图也是产品拍摄中较为常用的一种形式,如图 1-50 所示。

图 1-50　▽型(倒三角形)构图

(3) S 型构图

S 型构图,优美而富于变化,虽然在产品中这种构图形式比较少见,但是如果用它的表现力并借助线条的作用,会拍出一幅非常好的产品照片,如图 1-51 所示。

(4) 对角线构图

在这种构图形式中,由于主体的倾斜,加强了画面的冲击力度,给人以强烈的动感,如图 1-52 所示。

图 1-51　S 型构图

图 1-52　对角线构图

以上这4种构图是较为传统的构图形式。产品拍摄的构图形式和布局没有固定不变的模式,借鉴的目的不是要照搬,而是要在应用的基础上发挥自己的才能和创新。

3. 选取合适的景物构图

拍摄产品照片的主要目的,是希望买家通过照片了解产品实物的状况。下面是一些取景构图技巧。

◆ 如果产品带有完整精美的外盒包装,最好把包装盒也放在一起拍摄,当然盒子只能作为陪衬。

◆ 如果想突出被摄产品的实际大小,可以在产品旁边放一个众所周知的物体作为大小参照物,比如火柴盒、笔、硬币或者手等。

◆ 最好使产品居于画面中央,在画面四周留出一定的空白,使画面不会显得太压迫。

◆ 构图一般是45°角上方,这个角度最符合人们日常购物时观察产品的习惯。

正方形的尺寸,可以占据最大的空间,也是产品摄影时应用最广泛的。一般可以把产品直接放在正中间,也可以放在正方形的黄金分割点上,还可以利用对角线构图。如果产品太长,比如领带、长形条幅等,可以考虑只拍摄局部关键部位。

4. 静物产品摄影的画面氛围

静物产品画面的气氛,在很大程度上取决于构图中所采用的陪衬物以及背景景物。静物产品主体和陪衬物或者背景景物在画面中的面积比例能够决定强调气氛的程度。主体面积越大,对于产品本身的说明因素就越多。需要注意的是,安排陪衬物体应该以体现设计意图为准。没有陪衬物体的画面,容易让人感到枯燥乏味;过多陪衬物体的画面,又容易产生喧宾夺主的现象。如果所拍摄的是用于产品样本上的画面,那么产品的主体应该得到尽可能详尽的表现,而气氛的创造则退居次要地位。

可以通过构图、布光、陪衬物体和背景的变化来增加画面的形式感。对于同一类别的产品,并且将出现于同一版面或者同一类别的产品,宜选用大致相同的背景、布光、陪衬物体和构图;而对于将出现于同一样本中的不同类别的产品,则选用另一类别的背景、布光、陪衬物体和构图。因为这些画面大都在样本上并列展示,这样做有利于增加画面的和谐统一感。

5. 静物产品摄影的基本构图手法

说到构图,很多人曾经困扰自己的照片都不够吸引自己,更何况是吸引别人的目光。如果能了解构图的技巧,躲避一些照片里不属于主题内的杂物,将主题放置在适当的位置,就可更容易得到自己想要的照片。但是很多人往往将所见的事物直接拍摄以凸显主题,不仅忽略了四周的人、事、物对主题不经意的冲击,甚者还会破坏画面的趣味性,使得照片了无生趣,以至于无聊不能久看。

构图上必须适当地处理画面中主角与配角的适当位置,找到适当的拍摄角度、注意拍摄的景深深浅,小心谨慎地处理前景与背景之间的关系,灵活运用镜头,这可能牵涉到拍摄者对装备的熟悉度,并且知道如何去活用,例如,如何让照片产生极具印象的透视感,或者使用长镜头来压缩、逼近主体与背景的距离。有时候照片里的一条蜿蜒小溪、长立的电线杆、宁静的湖面、路过的行人或者海边的游泳圈都可以成为照片里良好的配角,虽然它只是用来衬托的配角,只是反衬构图上的分割效果或者成为主体重要的比例尺,但却如同一颗机器里的小螺丝钉一样,不可或缺。

静物产品摄影的基本构图手法如图1-53所示。构图最常用的就是三分法,如图1-53(a)所示,它可以平衡主体在照片里的分量,使主体不会过分凸显或者不够清楚明白,类似于儒家思想的中庸之道。一般人拍摄照片喜欢把主体放置在照片的中间,这样的拍摄方法就是所谓的牛眼拍摄,会让本体主题变得过分明显而使看照片的人失去在照片中寻找主题的趣味性,这主要是因为人眼看到的事物是立体的,而照片却是平面的。所以拍摄的基本原则就是使用黄金构图法(即三分法)来放置主题,让照片的空间感因为人眼的黄金比例变得活泼生动。

如图1-53(a)所示,把主题放置在照片中4个圆圈的位置上,主题大小也约是照片的1/3,而画面中有线条成分的景物,就放置在这4条黄金分割线上,这样的方式,必须注意主题行进、目视的方向,或者以画面的重心位置来决定点、线的摆放位置。但要记住一点,不要过分地专注在线条上,因为如果丝毫不差地把主题和背景成分放在这些地方,会让照片产生让人不愉悦的分割感,这些线和点的位置,只供参考使用。除了三分法,还有很多种构图的方法,下面针对图1-53中的其他图形略做说明。

图1-53(b)为对角线构图,是使拍摄主题产生照片上的对角线分割,这个分割线可能是假想的,而非实际上的线条,例如两主题间的假想联结或者主题在照片上的重心分布。这样的构图法,会让照片变得不安定、重心不稳、活泼且充满力道,好的对角线构图会让照片变得生动活泼,但是不适当的使用则会变得不平衡。

图1-53(c)为框图法,照片不见得是方方正正的框图,而是主题四周被前景或背景的事物框住,与框架裱装画作的作用相同,可以让画面产生内外空间感,可以添加由内而外或由外而内的临场感觉。像是舞台下观看表演者的生动画面一般,这种主客关系会变得密不可分。

图1-53(d)为对称式构图,一般照片最怕的就是把主题放在正中央,让画面一分为二;但是这种构图法例外,最典型的是利用可反射的物体拍摄造成对称,例如玻璃、湖面等镜面效果,产生戏剧性的画面。

图1-53(e)为曲线构图,画面中的线条弯曲、蜿蜒使得照片产生视觉上的趣味性和可看性,也会让照片里的蜿蜒背景产生更多的延伸视觉效果,最常使用在河流、道路等背景上。

图1-53(f)为透视点透图,利用广角镜的透视效果,让两条或数条平行不相交的线条指向并消失在某一点上,产生强烈的透视集中效果,镜头越广,其透视的效果越强烈。

像八棱菱形[图1-53(g)]、三角形构图[图1-53(h)]这样的构图方式,不局限在某一方向、形状或形式,这表示拍摄者有更多的发挥空间,利用拍摄镜头的焦段、拍摄的角度来形成各种形状构图,并且可以组合各种构图形式,让构图变得更加生动。这样的方法,必须注意画面的重心、平衡感、分割曲线,而拍摄主体往往可以放在这些直线的相交或焦点上,使照片不至于失去焦点。

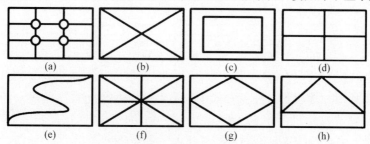

图1-53 静物产品摄影的基本构图手法

思考与实践

一、思考题

1. 产品摄影构图的基本原则是什么?
2. 产品摄影构图中常见的构图形式有哪些?除此之外还有哪些构图形式?
3. 如何恰当地使用辅助材料拍摄产品?

二、实践训练

产品摄影的构图设计作业

任务概述

天逸丝绸进出口有限公司正要拍摄一批新产品的照片,产品材料、摄影场地、摄影器材等已经准备就绪。因为产品拍摄不同于其他的摄影题材,是通过拍摄者主观意图摆设出来的,所以构图就要求更加完整、严谨,画面中各种关系的处理也要求合理。请运用摄影构图原理对产品进行合理布局。

作业要求

1. 各种构图形式认知

从互联网上分别收集运用常见摄影构图形式的产品照片若干,分别是△型(三角形)构图、▽型(倒三角形)构图、S型构图和对角线构图,并尝试收集其他构图形式,分类保存并上交。

2. 运用各种构图形式拍摄产品

根据自己收集的产品,分别运用△型(三角形)构图、▽型(倒三角形)构图、S型构图和对角线构图等常见摄影构图形式拍摄,在拍摄过程中可尝试使用背景"虚化"等处理方式,以优化画面的布局效果,并填写项目任务书,如下所示。

项目任务书

项目名称:＿＿＿＿＿＿＿＿＿＿＿＿＿＿＿＿

拍 摄 者:＿＿＿＿＿＿＿＿＿＿ 同组成员:＿＿＿＿＿＿＿＿＿＿

产品名称:＿＿＿＿＿＿＿＿＿＿ 辅助材料:＿＿＿＿＿＿＿＿＿＿

构图形式:

形式①	形式②
形式③	形式④

3. 运用辅助材料布局拍摄产品

如果需要可以借助辅助道具,但要注意不能喧宾夺主。在任务书中记录拍摄的产品照片,并比较4种构图形式中最理想的构图方式(针对该产品)。

4. 将拍摄的产品照片和任务书上交教师,任务书如下所示。

5. 作业时间:120分钟。

6. 作业总分:40分。

任务实施评价

《产品摄影的构图设计作业》评价表如表1-3所示。

表1-3 《产品摄影的构图设计作业》评价表

学生姓名:		总分:40分		学生总得分:	
作业名称	产品摄影的构图设计作业				
作业子项	内容	子项分值	实际得分	评语	
	构图形式认知	10分			
	运用各种构图形式拍摄产品	20分			
	运用辅助材料布局拍摄产品	10分			

任务3 典型材质产品的拍摄

任务概述

产品摄影技法的主要目的是表现好产品的形态、质感和色彩。产品造型中线的提炼、块面的明暗分配、色彩的准确还原、质感的细腻真实描写,都依赖于拍摄技法的完美运用。产品品种千变万化,通过摄影用光的表现要将它们的软硬感、粗细感、轻重感、薄厚感甚至冷热感都要体现出来。还要通过影像视觉传达,使买者联想到产品的不同味道和气味,联想到人在触摸产品时的感受等。本任务旨在使学生识别产品的典型材质,掌握不同材质产品的拍摄技巧。

任务包括:产品典型材质认知、典型材质产品的布光设计。

任务情境

顾帆进步明显,但同学不可能天天在他身边指导。一个星期后,同学再次来访带来了一大堆东西:毛绒玩具、香水、巧克力、童装、香槟酒、首饰、餐具等,顾帆笑道:"咱们都老同学了,你来做客还带这些礼物,太见外了!"同学说:"什么礼物,这是给你布置作业,你给每一件东西拍摄一张产品照片,下次来的时候给你的作业打分。"

当然不能在同学面前丢脸了,顾帆使出浑身解数拍摄,结果却发现有的商品能拍出优质的照片,而有的照片却怎么也拍不好。聪明的顾帆发现原来这是产品的不同材质造成的,他只好拨通了同学的电话……

任务3.1 认识产品典型材质

任务描述

由于产品的材质品种千差万别,我们在拍摄的时候需要运用不同的布光方法。本任务我们先了解产品材质的基本分类方法,在后面的任务中将学习针对不同材质产品的用光规律。

任务分析

不同材质的产品在对光线的选择性吸收和反射上有很大的区别,即使是同一材料制作的产品,由于对其表面加工工艺的不同,也会使其在光吸收和反射性能上存在区别。摄影作品效果的好坏本质上取决于对光线的应用,而材质及材料表面处理工艺的不同对用光方式提出了不同的要求。

任务实施

观察下列组图中的产品,指出它们分别属于何种材质。

图 1-54　T 恤

图 1-55　瓶

图 1-56　酒杯

图 1-57　眼镜

操作 1:识别组图中产品的材质

图 1-54:_____型;图 1-55:_____型;图 1-56:_____型;图 1-57:_____型。

你的判断依据是:_____。

操作 2:列举身边的物品若干种,分析它们各属于什么材质。

物品名称 1:_____　　所属材质:_____;

物品名称 2:_____　　所属材质:_____;

物品名称 3:_____　　所属材质:_____;

物品名称 4:_____　　所属材质:_____。

知识链接

产品典型材质分类

不同产品的质感是通过其表面或介质对光的吸收、反射以及传导的千差万别的转变,引起视觉的不同感受而达到的。产品摄影的目的之一就是要在拍摄中真实地表达这种千差万别。不同质感的产品在拍摄时的布光要求不同,可大致分为四大类:吸光型、反光型、透明型、复合型。拍摄时应根据它们不同的质感特点,找出各类产品的典型布光和拍摄技法的共性和规律,并在此基础上举一反三,追求更完美的表现。

(1) 吸光型

吸光型产品包括毛皮、衣服、布料、食品、水果、粗陶、橡胶、亚光塑料等,它们的表面通常是不光滑的,如图1-58所示。因此对光的反射比较稳定,即物体固有色比较稳定统一,而且这些产品通常是本身的视觉层次比较丰富。为了再现吸光体表面的层次质感,布光的灯位通常以侧光、顺光、侧顺光为主,而且光比较小,这样使其层次和色彩都表现得更加丰富。

表面质感粗糙类:它的特征是表面粗糙,纹理结构清楚,吸收光的性能强。

表面质感平滑类:它的特征是表面平滑,纹理细腻,吸收光的性能低于粗糙型,反射光的性能高于粗糙型。

(2) 反光型

全反光型:它们具有光洁度极高、对光的反射能力极强的特征。如:金银饰品、瓷器、漆器、电镀制品等,它们的表面结构光滑如镜,具有强烈单向反射能力,直射灯光聚射到这种产品表面,会产生强烈的光线改变;而且能清晰映照物象,高光处耀斑明显,如图1-59所示。例如:表面光滑的金属或没有花纹的瓷器,要表现它们表面的光滑,就不能使一个立体面中出现多个不统一的光斑或黑斑,因此最好的办法就是采用大面积照射的光或利用反光板照明,光源的面积越大越好。

图1-58　吸光型产品

图1-59　反光型产品

半反光型:光洁度比全反光型低,对光的反射能力较强,不能十分清晰地映照物像,高光处耀斑也不如全反光型明显。

(3) 透明型

全透明型:全透明介质,具有入射光可透射的特征。由于光线能穿透透明体本身,所以一般选择逆光、侧逆光等。使用偏硬光质,能使其产生玲珑剔透的艺术效果,体现质感。透明体大多是酒、水等液体或者是玻璃制品,如图1-60所示。

半透明型:半透明介质,如玉器等,入射光部分传导、部分扩散,可形成光感。

(4) 复合型

复合型产品是由两种或两种以上材质组成的。

表面质感相似类：被摄物由质感相近的材料组成，如图 1-61 所示。
表面质感相反类：特征是复合体的多种质感反差较大，且趋于两极，导致明暗反差也特大。

图 1-60　透明型产品

图 1-61　复合型产品

任务 3.2　典型材质产品的布光设计

任务描述

在拍摄实践中，我们应该如何将不同的拍摄技巧应用到具体的拍摄中去？在这个任务里，我们将要通过理论联系实际的方法来进行不同材质拍摄的实战训练。

任务分析

产品摄影的目的之一就是要在拍摄中真实地再现各种产品不同的质感。在前一个任务中，我们初步了解了不同材质产品的光学特点，这些光学特性是我们针对不同材质产品采用不同拍摄技术的理论基础。

任务实施

请分别尝试对图 1-62、图 1-63 和图 1-64 所示的材质产品进行布光设计，并画出简易布光示意图。

图 1-62　毛绒玩具

图 1-63　皮鞋

图 1-64　玻璃制品

操作1：吸光型产品的光线运用[①]

有许多产品具有粗糙的表面结构，如皮毛、棉麻制品、雕刻等，为了更好地表现它们的质感，在光线的运用上，可用稍硬的光质照明，方向性明确。照射方位要以侧光、侧逆光为主，照射角度要低一些，这样会使得产品表面表现出明暗起伏的结构变化。过柔过散的顺光，尤其是顺其表面结构纹理的顺光，会弱化被摄体的质感。如果拍摄对象表面结构十分粗糙，如裘皮、铸铁、沙器等，可以用更硬的直射光（聚光灯、闪光灯、太阳光直射）直接照明，这样表面凹凸不平的质地会产生细小的投影，能够强化其质感表现，如图1-65所示。

图1-65 吸光型产品的拍摄

操作2：反光型产品的光线运用

一些光滑表面的产品，如金银饰品、瓷器、漆器、电镀制品等，它们的表面光滑如镜，具有强烈单向反射能力，直射灯光聚射到这种产品表面，会产生强烈的光线改变。所以拍摄这类产品，一是要采用柔和的散射光线进行照明，二是可以采取间接照明的方法，即灯光作用在反光板或其他具有反光能力的产品上反射出来的光照明产品，能够得到柔和的照明效果。如果想要表面光亮的反光体上出现高光，则可通过很弱的直射光源获得。

很多情况下，反射在反光物体上的白色线条可能是不均匀的，但必须保持渐变，这样才显得真实。反光体布光最关键的就是反光效果的处理，所以在实际拍摄中一般使用黑色或白色卡纸来反光，特别是对柱状体或球体等立体面不明显的反光体；但是卡纸的运用要恰到好处，否则会在反光体上形成很多杂乱的斑点，破坏反光体的整体性，也就不能表现其质感了。许多商业摄影师为了表现画面视觉效果，不仅用黑色、白色卡纸，还会运用不同反光率的灰色卡纸来反射，这样既可以把握反光体的本质特性，又可以控制不同的反光层次，增强作品美感。如图1-66所示。

图1-66 反光型产品的拍摄

[①] 来自蜂鸟网 http://www.fengniao.com/

操作3：透明型产品的光线运用

玻璃器皿、水晶、玉器等透明产品的拍摄，最重要的是体现主体的通透程度。在布光时一般采用透射光照明，常用逆光位，光源可以穿透透明体，在不同的质感上形成不同的亮度，很好地表现出静物清澈透明的质感。有时为了加强透明体形体造型，并使其与高亮逆光的背景剥离，可以在透明体左侧、右侧和上方加黑色卡纸来勾勒造型线条。图1-67就是用逆光形成明亮的背景，用黑卡纸加以修饰玻璃体的轮廓线，用不同明暗的线条和块面来增强表现玻璃体的造型和质感。当然在使用逆光时应该注意，不能使光源出现，一般用柔光纸来遮住光源。

表现黑背景下的透明体，要将被摄体与背景分离，可在两侧采用柔光灯，不但可以将主体与背景分离，而且使其质感更加丰富，如图1-68所示。如在顶部加一灯箱，就能表现出物体上半部分轮廓，透明体在黑色背景里显得格外晶莹剔透；如果是盛有带色液体的透明体，为使色彩不失去原有的纯度，可在物体背面放上与物体外形相符的白纸，从而衬托其原有的色彩。

图1-67　明亮背景下的透明体

图1-68　黑暗背景下的透明体

操作4：无影静物的光线运用

有一些产品照片，画面处理上完全没有投影，影调十分干净。这种照片的用光方法，是使用一块架起来的玻璃台面，将要拍摄的产品摆在上面，在玻璃台面的下面铺一张较大的白纸或半透明描图纸。灯光从下面作用在纸的上面，通过这种底部的用光就可以拍出没有投影的产品照片，如果需要也可以从上面给产品加一点辅助照明。在这种情况下，要注意底光与正面光的亮度比值，如图1-69所示。

图1-69　无影静物

知识链接

1. 不同材质商品的拍摄技法

（1）吸光型产品拍摄

拍摄这类产品时，在光线的使用上，可用稍硬的光质照明，方向性明确，这样可以表现产品的质感。照射方位要以侧光、侧逆光为主，照射角度要低一些。

（2）反光型产品拍摄

拍摄这类产品时，一是要采用柔和的散射光线进行照明，二是可以采取间接照明的方法，即灯光作用在反光板或其他具有反光能力的产品上反射出来的光照明产品，能够得到柔和的照明效果。采用大面积照射的光或利用反光板照明，光源的面积越大越好。

（3）透明型产品拍摄

这类产品在布光时一般采用透射光照明，常用逆光位，光源可以穿透透明体，在不同的质感上形成不同的亮度，很好地表现出静物清澈透明的质感。有时为了加强透明体形体造型，并使其与高亮逆光的背景剥离，可以在透明体左侧、右侧和上方加黑色卡纸来勾勒造型线条。

（4）复合型产品拍摄

表面质感相似类：被摄物由质感相近的材料组成。主光应使用与被摄物质感相应的光性照明。主光灯位要根据造型与质感的表现而定。灯具根据所需光性而定。

表面质感相反类：主光光性应尽量使用对不同的质感有兼顾性的照明，但有时会在一定程度上对某种质感的表现不利。以重点质感的表现为主来设定光位，并兼顾其余质感的表现。选择灯具以重点质感的表现为主，并兼顾其余质感的表现。

2. 利用布光照明表现产品质感

在产品摄影中，质感表现最为重要，同时也有一定的难度。难点在于被摄体的表面结构千百万化，拍摄时不但要表现出它们的软硬、轻重、粗细、冷暖等物理特征，还要通过影像的审美通感作用表现出嗅觉和味觉等特征。如玻璃的玲珑剔透、金属的坚硬沉实、水的润泽、冰的寒冷、水果的酸甜，都要通过对用光的把握来细致地刻画不同性质和纹理。

（1）拍摄玻璃制品

拍摄透明的玻璃制品，历来被视为商业摄影的基础。玻璃制品不但透明，还会反射出明亮的光斑。如用前侧光照明，大部分光线会透过物体，只有小部分会被反射。不管使用什么背景和色彩，玻璃物体只能隐约可见。拍摄玻璃制品最佳表现手法是：在明亮的背景前，被摄体以黑色线条呈现出来；或在深暗背景前，被摄体以亮线条呈现出来。玻璃一般有两种表现手法，一是亮线条表现，二是黑线条表现，如前面的图1-67和图1-68分别反映了这两种表现。

亮线条表现是利用光在透明介质表面的反射现象加以表现。亮线条的背景使用深暗色调，才能衬托出被摄体的明亮轮廓。亮线条的布光是在被摄体的两侧后方，各置一块白色反光板，然后再用定向直射光源，如聚光灯或加蜂巢聚光器泛光灯照射反光板，利用反光板反射出的散射光照亮被摄体的两侧，形成明亮的线条。另一种布光方法是在被摄体的侧上方用雾灯、柔光灯或其他扩散光照明被摄体，被摄体两侧用反光板补光，可以造成玻璃制品的顶部和两侧出现明亮线条。注意反光板应在镜头视角以外，投向反光板的光要限光，不要干扰对玻璃制品的表现。玻璃制品在拍摄前都必须彻底清洁。任何灰尘或污垢，甚至手纹都会影响玻璃质感的表现。

黑线条表现主要是利用光在不同介质中的折射作用形成的。黑线条表现的重要特征是将玻璃制品的轮廓画为深暗的线条。这样布光的先决条件是一定要将背景处理成明亮色调。将透明物体放在浅色背景前足够的距离上，用1～2支带蜂巢聚光器的泛光灯从中间或两侧照亮背景(光线不能照到被摄体上)，背景反射的光线窗过玻璃层，在被摄体的边缘通过折射形成深暗轮廓线条。线条的宽度与玻璃的厚度成正比，改变光源的强度与直径可以得到不同的效果，光域越小、越强，反差就越大。

(2) 拍摄金属器皿

拍摄金属器皿，关键是布光，在布光时如何处理金属表面的反光很大程度决定了拍摄的成功与否。不反光的金属制品，如铸铝、喷砂或氧化处理后的表面，是较容易照明的，光源使用泛光灯或柔光灯均可。半反光的制品，如铜器、银器、锡器等，需要使用反光板或大面积散射屏进行照明，用一只低功率的聚光灯以很小比例的直射光照射主体，产生表现金属表面不可缺少的高光点，如图1-70所示。

金属器皿中布光最困难的是强反光物体，对这类物体的照明原则上是让被摄体所有的可见光亮表面都反射被照明的白色反光板或散射屏的影像，如图1-71所示。很多情况下白色反光板的照明可以是不均匀的，但必须是渐变的，这样才显得真实。对于体积和形状十分复杂的强反光体，布光时需要采取复杂的措施，最常用的是"围帐法布光"。"围帐法布光"是指除了在相机镜头处开孔之外，用一个亮棚将被摄体包围起来，然后在亮棚的外边进行布光。亮棚可以用白色纺织物或白纸做成，用透明的支架(如有机玻璃棒或尼龙绳)加以固定。用"围帐法布光"时，亮棚的设计布置是多样的，但有一点应明确，强反光物体会像镜子一样毫不保留地将周围的一切反射回去，亮棚稍有缺陷就会在被摄体上呈现。

图1-70 不反光的金属器皿

图1-71 反光金属器皿

(3) 拍摄食品

即使是有经验的摄影师也会承认拍摄食品是不容易的。虽说食品不像人或动物有丰富的表情，但它们也有"生命"，假如不能掌握拍摄的"火候"，脍炙人口的食品完会变得让人大倒胃口。

拍摄食品的难点来自两个方面：一是如何表现食品的质感，松软的、酥脆的、细腻的、肥厚的、油滑的等；二是如何突出食品的新鲜、可口、卫生、漂亮，让人垂涎三尺。前者主要是光线的布置，后者还与构图、道具、背景相关。

对于质地粗糙的食物,如图 1-72 所示的面包,光线应该是柔和而有方向性,所以柔光罩和蜂窝罩使用得较多。对于蔬菜和水果,由于形状上的不规则而容易产生投影,以使用散射光的较为常见。对于某些表面沾满油脂的食品,如图 1-73 所示的枣类、红烧或熏烤的肉类和家禽,布光时不能过于求实,平均的光线只能使食物颜色深重,缺乏美感,所以布光时要平中出奇十分重要。应格外关注主体上的照明,光线要透,略微硬性一些也无妨,光线不一定非从正面或上面照亮食品,可以尝试使用偏侧的主光和有个性的副光。在拍摄具有一定透光性的食物(如蔬菜、薄片、果冻、饮料)时,光线的硬软应该巧妙结合,适当地运用轮廓光和逆光表现被摄物。

图 1-72　质地粗糙的食物

图 1-73　有光泽的食物

拍摄食品大多追求色彩的正常还原,尤其是拍摄凉菜、西式点心、快餐一类的照片,但有时会采用暖性光线照明,比如煎炸食品、烘烤面制品等,金黄的色泽暗示了该食品的新鲜和香脆松软。

思考与实践

一、思考题

1. 产品主要有哪些典型材质?
2. 不同材质的产品在拍摄布光时有什么区别?
3. 想要拍摄无影静物产品应如何布光?

二、实践训练

典型材质产品的拍摄作业

任务概述

收集各种不同材质的商品,如毛绒玩具、化妆品、木制工艺品、陶瓷、首饰、纺织品等,尝试用不同的方式拍摄,在实践中掌握产品的拍摄技巧。

作业要求

1. 针对自己收集的产品的材质,运用恰当的布光方式拍摄,并记录布光的方法。
2. 收集其他不同材质的产品,运用恰当的布光方式拍摄,并记录布光的方法。
3. 将拍摄的产品照片和任务书上交教师,任务书如下图所示。

4. 作业时间：120分钟。

5. 作业总分：50分。

项目任务书

项目名称：_____

拍 摄 者：_____ 同组成员：_____

产品名称：_____ 辅助材料：_____

作品粘贴页：

吸光型：	反光型：
透明型：	复合型：

任务实施评价

《典型材质产品的拍摄作业》评价表如表1-4所示。

表1-4 《典型材质产品的拍摄作业》评价表

学生姓名：		总分：50分		学生总得分：	
作业名称	典型材质产品的拍摄作业				
	内　容	子项分值	实际得分	评　语	
作业子项	吸光型产品拍摄	10分			
	反光型产品拍摄	20分			
	透明型产品拍摄	10分			
	复合型产品拍摄	10分			

任务4 收集其他相关信息

任务概述

我们在描述产品时,除了产品图片外,还必须具备产品的生产企业信息、产品名称及基本属性等。网络上的潜在客户不仅关心产品本身,而且也关心企业的规模、管理、地域等其他信息。一些挑剔的优质客户甚至将企业的文化背景置于与产品品质的同等地位。可以说,深厚的文化积淀是企业持续发展的原动力。

本任务旨在使学生学习用科学的方法收集、处理产品、企业的其他信息和属性。

任务包括:收集产品生产企业信息、扫描公司资料与产品信息。

任务情境

顾帆家的企业属于织里镇上普遍的家庭作坊式的小厂,既没有自己的品牌,也没有自己的产品宣传页,更谈不上企业文化了。他们生产出来的产品通过中间人介绍卖给外商。顾帆认为,这样的小打小闹在激烈的商战中最多只能分得一杯残羹,他要用大学期间所学的知识改变这一切。顾帆给自己家的产品设计了商标,起了名,并且到相关部门进行了注册登记。他借来了扫描仪等器材,准备大干一场。

任务4.1 收集产品生产企业信息

任务描述

对于客户来说,在关注产品信息的同时,也想了解产品生产企业的信息,从而增强对产品的信任感。究竟哪些企业信息是值得或者应当收集并向客户传达的?除了诸如地址、电话、主要产品等最基本的信息外,是否有必要向客户传达诸如企业文化之类属于内部和精神层次的信息?在这个问题上一直是仁者见仁,智者见智。

任务分析

我们在这个任务中组织同学对这个任务进行讨论。这样的讨论并不是为了分清谁的观点是正确的,因为对于这些"仁者见仁,智者见智"的问题本就没有对错。我们希望通过这样的讨论,使同学们建构起自己的观点。在讨论的过程中,同学们应注意通过网络、图书馆等途径收集充分的论据,进行有理有据的探讨。

在这个任务中,我们所进行的讨论,不仅仅是为了让同学们经历搜集证据论证自己的观点这一过程,更希望同学们能学习如何与自己持不同观点的人进行沟通,这也是从事商务活动必须具备的素质。

操作1：阅读下面这则短文

有人认为，我们在营销产品时，只需要将产品宣传包装好就可以了，不需要再宣传其他内容。阅读下列故事，思考产品与企业文化的关系。

有一则关于钱钟书先生的故事，一位女性读者非常崇拜钱钟书，写信给钱钟书说希望能够去拜访他。钱钟书回信道："您知道鸡蛋好吃就可以了，何必去看生蛋的母鸡呢？"这则故事放到现代营销领域，可以这样理解：厂商告诉消费者，您知道我们的商品好就行了，何必要知道我们厂家的具体情况呢？由此引发出这样的争议：企业文化到底应不应该向普通消费者传播。

观点一：消费者不会对企业经营情况感兴趣，他们不关心企业的价值观、经营宗旨、愿景等问题，他们只对品牌感兴趣，只注重自己的消费体验和品牌所带来的价值。因此，应该限制甚至不要对消费者传播企业文化。比如可口可乐公司、宝洁公司等大公司极少向外部公众宣传自己的企业文化，他们是品牌运作的高手，注重建立品牌与消费者的关系。

观点二：企业文化在品牌传播中有着重要的作用，消费者不仅关心品牌，其实对企业也抱有强烈而持久的好奇心，企业文化在培养品牌忠诚度上有非常重要的作用。比如海尔、长虹等公司在将自己企业文化展示给公众的同时，也成功地树立了自己的品牌形象。

讨论：

（1）以上两种观点你支持哪一种，还有哪些同学和你持相同的观点？

（2）通过网络或图书馆收集相关论据，与同学（特别是与你持不同观点的同学）分享你的观点。

（3）在与和自己持不同观点的同学进行辩论时要尊重他人，学会倾听对方的观点，努力去理解对方的立场。这也是在同学们步入职场后的商务谈判中应该具备的素质。

操作2：请阅读有关海力针织制衣有限公司的有关资料

海力针织制衣有限公司（简称海力公司）是在改革开放后崛起的民营企业，公司坐落在素有"天堂"之称的中国江南水乡、江苏太湖之滨的丝绸之府——吴江。公司创建于2005年，是在丝绸行业接连滑坡的逆境中崛起的私营企业，专业生产各类真丝针织面料及服装，拥有各类进口、国产圆机、台车等设备一百余台。公司主要生产品种有单面类、双面类、罗纹类、提花类、弹力类、毛圈类等。原料产用优质桑蚕丝、绢丝、榨丝、亚麻、棉纱、羊毛、羊绒、莫代尔、竹纤维、牛奶纤维等织成单一、交织、多个花色品种。面料出口意大利、法国。

真丝针织制衣车间系按客商要求的标准设置，全封闭一流生产设备和布局，缝纫设备全部从日本进口，各类专用机齐全，年生产能力35万件服装，目前已成为许多国际知名品牌的指定供应商。

公司旨在高标准、高起点、高档次，深入拓展国内和国际市场，不断加大科技研发力度及技术改造，树立品牌形象。

振兴丝绸文化是我们的目的，海纳百川、力争上游是我们的宗旨！

（1）以上资料中，哪几句话阐述海力公司的企业文化特色？

_____

（2）除了企业文化，资料还提供哪些有关海力公司的信息？请你对这些信息进行分类。

_____

（3）上述信息，哪些有必要以较为醒目的方式放在网站的首页？哪些可以放在不太醒目的位置？

知识链接

1. 什么是企业文化

企业文化是企业组织在长期的实践活动中所形成的并且为组织成员所普遍认可和遵循的具有本组织特色的价值观念、团体意识、工作作风、行为规范和思维方式的总和。

也许上述定义过于抽象和哲学，我们可以这样近似地理解：企业文化就是企业在长期实践中形成的一种精神力量，它能凝聚人心，能彰显企业的社会责任，是一种积极向上的力量。

2. 企业文化实例

浙江湖州过去有一家福音医院，现该医院原址归属于中国人民解放军第98医院。前两年，该院收到来自国外某建筑公司的一份公函，该公函指出医院辖区内的一幢老房子为百年前该公司所建，现已到了维修保养期，并指出房屋的哪些部分需要做何种保养。

图1-74就是位于原"福音医院"的老房子。沧海桑田，岁月蹉跎，这所老房子几易其主，现在的主人也许自己都不一定了解房子的历史了。当突然收到这封来自大洋彼岸的"售后服务提示"后，房主会做何感想？

图1-74　百年前的老房子

我们经常在各种媒体看到关于房屋质量的投诉。这个故事中的国外某建筑企业的负责精神却令人佩服，也该让国内少数建筑商汗颜。

一家企业如能生存百年，成为真正的老字号，靠的是产品和服务的质量；而要保证产品和服务的质量不因人事的变更而下降，靠的是代代传承的管理文化。

企业文化是企业团队精神、创新精神、奋斗精神、社会责任、道德观念的集中体现，企业只有具有这样的文化力量才能生生不息。

最近，媒体上连连爆出一些知名餐饮企业因食品原料和加工程序的问题而面临诚信危机。这种危机从更深远的意义上说，不在于消费者对它们产品质量的不信任，而在于它们的企业文化受到了冲击，它们能否继续保持创业之初的文化理念、维持其道德观念和社会责任感的底线，是消费者能否对其恢复信任的关键。

任务 4.2　扫描公司资料与产品信息

在这个任务中,我们将学习使用扫描仪来扫描公司资料与产品信息,并将其传达给客户。

在上次任务中,同学们讨论企业文化在营销活动中的价值问题,虽然每个人可能还是持有各自不同的观点,但有一个事实是摆在面前的——一部分客户的确非常重视企业文化和企业的其他信息,这甚至会成为他们决定是否继续合作的关键因素。因此我们必须重视向这些客户宣传我们企业的信息。公司的各种认证材料、荣誉证书、宣传彩页都是公司实力和经营的重要佐证材料,这些纸质材料如用相机拍摄不易取得理想效果,这时我们可以通过扫描仪转化为电子图像后进行处理。

任务实施

操作 1:安装扫描仪[①]

(1) 安装 USB 扫描仪

首先进行硬件连接,将方形的 USB 接头先插入到扫描仪中,然后使用 USB 数据线把扫描仪与计算机的 USB 接口连接好;接着检查扫描仪是否将 CCD 扫描元件用锁固定住,如果固定的话应该将扫描仪解锁,并接通扫描仪和计算机的电源,随后计算机会自动检测到当前系统中的 USB 扫描仪,再根据屏幕的安装提示来完成扫描仪驱动程序和配置软件的安装。

(2) 安装普通扫描仪

先连接硬件,将扫描仪连接线的一端连接到扫描仪背部标有"Port A"标志的端口上,再将扫描仪连接线的另一端连接到计算机中的 LPT 打印端口上。接通扫描仪的电源并打开扫描仪,扫描仪启动几秒钟后,再启动计算机系统,随后计算机也会检测到已经连接到系统中的扫描仪了;接着安装扫描仪驱动程序,将扫描仪驱动程序的光盘放入到光驱中,根据屏幕提示完成驱动程序的安装。安装结束后,驱动程序会提醒用户测试当前扫描仪的连接情况,如果扫描仪安装完好,计算机屏幕上就会显示出一个提示画面,告诉用户已经发现安装在系统中的扫描仪了,随后只要单击该提示画面中的"确定"按钮,就能完成扫描仪驱动程序的安装工作了。

操作 2:扫描公司证书或者产品宣传页

(1) 准备好需要扫描的资料

被扫描的资料可以是图像、文字及照片等,不同的扫描对象有其不同的扫描方式。在下一步骤中介绍。

(2) 选择合适的扫描选项

扫描仪程序一般提供了 3 种扫描选项,其中"黑白"方式适用于白纸黑字的原稿或 OCR 识别(在以后的课程中我们将了解有关 OCR 识别的知识);"灰度"则适用于既有图片又有文字的

[①] 部分资料来自 http://www.duote.com/tech/2/4171.html。

图文混排稿样,扫描该类型兼顾文字和具有多个灰度等级的图片;"照片"适用于扫描彩色照片,它要对红、绿、蓝3个通道进行多等级的采样和存储。我们在扫描之前,一定要先根据被扫描的对象,选择一种合适的扫描方式,才有可能获得较高的扫描效果。

(3) 根据被扫描资料的特征选择合适的分辨率

扫描分辨率越高,得到的图像越清晰;但如果超过输出设备的分辨率,再清晰的图像也不可能打印出来,仅仅是多占用了磁盘空间,没有实际的价值。因此选择适当的扫描分辨率很有必要。

(4) 设置文件大小

无论被扫描的对象是文字、图像还是照片,通过扫描仪输出后都是图像,而图像尺寸的大小直接关系到文件容量的大小,扫描仪在预览稿样时会自己计算文件大小;如果有需要,也可以自己设置文件大小。

(5) 设置好扫描参数

扫描仪在预扫描图像时,都是按照系统默认的扫描参数值进行扫描的,对于不同的扫描对象以及不同的扫描方式,未必有理想效果。为了能获得较高的图像扫描质量,可以用人工的方式来进行参数调整,例如当灰阶和彩色图像的亮度太亮或太暗时,可通过拖动亮度滑动条上的滑块,改变亮度。如果亮度太高,会使图像看上去发白;亮度太低,则太黑。同样地,对于其他参数,我们可以按照同样的调整方法来进行局部修改,使输出效果最接近印刷质量。

(6) 开始扫描

开始扫描过程,根据扫描软件提示设置保存路径。

(7) 修饰图片

根据扫描质量和自己的要求,用 Photoshop 对图片进行修饰。

知识链接

1. 扫描仪的使用和保养

作为普通用户来说,不仅要购买一台质量过关、方便耐用的扫描仪产品,还要学会正确使用和进行简单的保养。

(1) 一旦扫描仪通电后,千万不要热插拔 SCSI、EPP 接口的电缆,这样会损坏扫描仪或计算机,当然 USB 接口除外,因为它本身就支持热插拔。

(2) 扫描仪在工作时不要中途切断电源,一般要等到扫描仪的镜组完全归位后,再切断电源,这对扫描仪电路芯片的正常工作是非常有意义的。

(3) 由于一些 CCD 的扫描仪可以扫描小型立体物品,所以在扫描时应当注意:放置锋利物品时不要随便移动,以免划伤玻璃,包括反射稿上的钉书针;放下上盖时不要用力过猛,以免打碎玻璃。

(4) 一些扫描仪在设计上并没有完全切断电源的开关,当用户不使用时,扫描仪的灯管依然是亮着的,由于扫描仪灯管也是消耗品(可以类比于日光灯,但是持续使用时间要长很多),所以建议用户在不使用时切断电源。

(5) 扫描仪应该摆放在远离窗户的地方,因为窗户附近的灰尘比较多,而且会受到阳光的直射,会缩短塑料部件的使用寿命。

(6) 由于扫描仪在工作中会产生静电,从而吸附大量灰尘进入机体影响镜组。因此,不要用容易掉渣的织物来覆盖(如绒制品、棉织品等),可以用丝绸或蜡染布等进行覆盖,房间中保持适当的湿度可以避免灰尘对扫描仪的影响。

2. 在没有扫描仪时用摄像头应急的方法

在网络贸易中,扫描仪是必备工具之一。当然,我们也会遇到需要扫描一些文件,身边却没有可用的扫描仪的特殊情况。如果有摄像头,也许可以用摄像头临时代替扫描仪以解燃眉之急。

不过这里介绍的方法有其局限性,只能用来扫描文字。

摄像头扫描文字有很多软件,这里我们就介绍 Office 自带的扫描软件,版本必须是 2003 以上。

① 选择"开始"| Microsoft Office |"Microsoft Office 工具"| Microsoft Office Document Scanning 选项,如图 1-75 所示。如果该项未安装,系统则会自动安装。

图 1-75　打开扫描程序

② 此时会弹出"扫描新文件"对话框,单击"扫描仪"按钮,在弹出的对话框中选中"摄像头",并选中"在扫描前显示扫描仪驱动"复选框,再选中"黑白模式"选项,并选中"换页提示"和"扫描后查看文件"两项。

③ 再单击"扫描"按钮即可进行扫描,在扫描过程中会弹出一个对话框,单击"格式"按钮,在"输出大小"中选择 600×480 分辨率,然后将文稿放平,反复调节摄像头的焦距和位置,使画面达到最佳效果,单击"捕获"按钮即可得到图片画面,该图片会显示在"图例"框中。

④ 选中该图片,单击"发送"按钮开始扫描该图片中的文字,扫描完成后单击"完成"按钮,然后系统会自动打开识别程序 Microsoft Office Document Imaging,用该文件就可以识别了。

完成后可以选中全文,右击,在弹出的快捷菜单中选中"将文本发送到 Word"项,则所选内容便会被 Word 打开并可以进行编辑了,如图 1-76 所示。

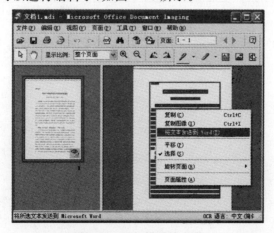

图 1-76　经扫描后的文本

思考与实践

一、思考题
1. 全面的产品信息包括哪些内容？
2. 可以通过哪些途径和方法收集详细的产品信息？
3. 如何安装和使用扫描仪？

二、实践训练

产品其他信息收集作业

任务概述

开展一次企业调研活动。请同学们自己组织成调研小组，联系学校所在地或者家乡的企业，开展一次企业文化的调研活动，提高对经营活动的价值认识。

作业要求和操作建议

1. 并非所有企业都乐意接受别人的访问。同学们可以通过老师、学校、家长、朋友和其他途径联系合适的企业，并将此次调研活动作为学生参加社会实践的一部分。
2. 了解企业的历史、现状、愿景，了解企业职工的构成、企业管理的理念。这些信息可以来自企业的管理层，也可以来自和职工的谈话。总之，要多方位、多角度地去了解企业各个方面的信息。
3. 填写"企业文化调查表"（下面的样表只提供参考，也可以制作出更加出色的调查表）。
4. 这次调查中，不仅要学习一些知识，也要借这个机会锻炼一下自己的人际沟通能力和团队合作精神。

企业文化调查表

企业名称：_____   调查日期：_____   团队成员：_____

企业概况	
企业历史	
企业的经营理念	
企业的管理理念	
企业管理层记录	
企业员工访谈记录	

任务实施评价

《企业文化调查活动》评价表如表 1-5 所示。

表 1-5 《企业文化调查活动》评价表

学生姓名：		总分：40 分		学生总得分：	
作业名称	企业文化调查活动				
	内　容	子项分值	实际得分	评　语	
作业子项	制订计划	10 分			
	与人沟通	10 分			
	团队合作	10 分			
	反思总结	10 分			

本项目小结

  本项目介绍了产品信息的收集技巧,主要包括产品图片采集准备、产品摄影的布光与构图设计、典型材质产品的拍摄以及产品其他信息收集,分析了产品摄影的布光与构图原理,并通过典型材质产品的拍摄,使同学们学会如何在产品拍摄时进行合理布光与布景,从而真实地再现各种产品的不同质感。

  本项目布置了4个作业任务:产品图片采集准备、产品摄影的布光与构图设计、典型材质产品的拍摄和产品其他信息收集。希望同学们在完成这些作业训练后,可以拍摄出清晰、完整、美观的产品照片,收集到准确、翔实的产品信息。

项目2
产品图片修复与美化

学 习 目 标

◆ **能力目标**

能够根据产品拍摄现状和产品特征,运用图像处理软件对产品图片进行基础校正、缺陷修复、背景优化以及特殊效果创意处理等,从而达到优化产品图片的目的。

◆ **知识目标**

掌握常用图像处理软件在产品图片处理中的运用;学会 Photoshop 软件基本工具和命令的使用;掌握运用 Photoshop 软件修复与美化产品图片的方法和技能。

◆ **情感目标**

理解产品图片处理对于产品展示的重要性;培养学生的团队协作精神;培养艺术审美情趣;培养在工作中吃苦耐劳和精益求精的工作态度。

↘ 任务1　校正修复产品图片
↘ 任务2　美化处理产品图片
↘ 任务3　修饰产品图片背景
↘ 任务4　制作产品图片特殊效果

任务 1　校正修复产品图片

任务概述

产品图片拍摄后,由于拍摄条件、场地、技术等种种原因,往往会出现各种缺陷,需要利用图像处理软件进行后期校正修复,才能更好地展现产品的特征。本任务旨在使学生掌握常用图像处理软件在产品图片处理中的运用,掌握运用 Photoshop 软件对产品图片进行基本编辑处理,学会校正修复产品图片缺陷的方法与技能。

任务包括:认识产品图片处理、产品图片基本编辑、产品图片缺陷修复、产品图片影调调整。

任务情境

顾帆经过努力,用了 3 天时间给家里小厂生产的每个产品拍了照片。但由于不是专业的摄影师,既没有高超的专业摄影技术,又没有昂贵、专用的摄影设备,再加上拍摄场地和条件的限制,所拍摄的产品照片难免存在这样或那样的瑕疵。国际商务专业毕业的顾帆明白,在挑剔的客户眼里,即使是再小的瑕疵也会被无限放大,甚至会因此失去一大笔订单。

拍摄的产品图片是要用于网络平台发布与宣传的,所以就要靠后期的美化处理了。顾帆从网上了解到有一种图像处理软件可以实现对产品图片的润饰,于是便开始从网上下载有关教程,学习用软件修复、调整图片的入门功夫。

任务 1.1　认识产品图片处理

任务描述

要通过网络开展电子商务,图片处理是一项不可或缺的技能,可以帮助我们解决很多问题。在处理产品图片之前,首先应认识图像处理软件以及图像处理的基本知识与要领。本任务主要完成图像处理软件认知以及图像基本知识的掌握。

任务分析

图片拍摄完成后,最终要上传至网络。然而任何网站对图片的上传尺寸都有所限制,所以,首先就需要在上传前对图片进行尺寸处理;其次,图片拍摄后,如果有一些细节没有达到预期效果,也需要进行后期修复处理,如角度不当、构图不合理、图像几何失真等。

根据不同用户的需求,人们开发出了各种图像处理软件。有的软件功能强大,可以达到极好的艺术渲染效果,但是操作专业性强,需要经过一段时间的学习才能应用自如;有的软件小巧,操作极其容易,甚至可以不经任何培训就能"上岗",但是,它们的功能较为有限,只能满足

用户某方面的需求。

对于将要从事网络贸易的同学们该选择什么软件呢？其实，没有最好的，只有最合适的。在这次的学习活动中，我们先来了解一些常用的图像处理软件。

图 2-1～图 2-5 是目前常用的图像处理软件，请识别并思考下列问题：

1. 请分别说出下列图像处理软件的功能与特点。
2. 如果要处理产品图片，那么哪一款软件更适合？请说明理由。
3. 在用图像处理软件编辑产品图片时，需要注意什么？

图 2-1　Adobe Photoshop

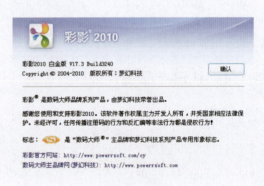

图 2-2　Picasa

图 2-3　彩影

图 2-4　美图秀秀

图 2-5　光影魔术手

1. 常用的图像处理软件

图像处理软件是用于处理图像信息的各种应用软件的总称,专业的图像处理软件有Adobe 的 Photoshop 系列;基于应用的图像管理、处理软件 Picasa 等,还有国内很实用的大众型软件彩影,非主流软件有美图秀秀、光影魔术手等,动态图像处理软件有 Ulead GIF Animator、Gif Movie Gear 等。

(1) Adobe Photoshop

Photoshop 是 Adobe 公司旗下最为出名的图像处理软件之一,集图像扫描、编辑修改、图像制作、广告创意、图像输入与输出于一体,深受广大平面设计人员和电脑美术爱好者的喜爱。从功能上看,Photoshop 可分为图像编辑、图像合成、校色调色及特效制作部分。

(2) Picasa

这是 Google 的免费图片管理工具,可以通过简单的单次点击式修正来进行高级修改,让您只需动动指尖即可获得震撼效果;而且,Picasa 还可让您迅速实现图片共享——可以通过电子邮件发送图片、在家打印图片、制作礼品 CD,甚至将图片张贴到自己的 Blog 中。

(3) 彩影

在当前图像处理领域,要么一些软件过于大型专业,让初学者望而却步,让专业人士效率不高;要么就是过于傻瓜,功能太过简单,创意难以得到有效发挥,产品品质和处理速度也良莠不齐。彩影的推出完美化解了这种"鱼和熊掌不可兼得"的矛盾。彩影是中国第一图像处理软件,是国内功能最强大、使用最人性化的全新一代高画质、高速度数字图像处理软件。

(4) 美图秀秀

美图秀秀是一款很好用的国产免费图片处理软件,软件的操作和程序比专业图片处理软件简单。美图秀秀独有的图片特效、人像美容、可爱饰品、文字模板、智能边框、魔术场景、自由拼图、摇头娃娃等功能可以让用户短时间内做出影楼级照片;美图秀秀还能制作非主流闪图、非主流图片、QQ 表情、QQ 头像、QQ 空间图片等。

(5) 光影魔术手

光影魔术手是国内受欢迎的图像处理软件,被《电脑报》、天极、PCHOME 等多家权威媒体及网站评为 2007 年最佳图像处理软件。光影魔术手是一个对数码照片画质进行改善及效果处理的软件,大部分功能都是针对数码图片的后期处理,不需要任何专业的图像技术,都能制作精美相框、艺术照、专业胶片效果。光影魔术手相对于 Photoshop 等专业图像软件而言,显得十分简单易用,容易上手,批量处理功能非常强大。

2. 优质产品图片的评价标准

一般而言,优质的产品图片应具备清晰、完整、美观的特性,具体应符合如下要求。

(1) 图片必须是被售产品,尽量不包含其他销售范围以外的人或物(必要的模特和道具除外),使客户所见即所得。

(2) 图片应填满画布的 85% 以上,主图应完整展示产品的全部,图片长宽比例为 4∶3,最长的边像素不少于 640pix,分辨率不低于 72。

(3) 图片具有较高的清晰度,质感清晰、颗粒细腻、细微层次丰富、边缘平滑锐利、能分辨出细节,给人以真实感。

(4)图片具有强烈的光线感,高光明亮、暗调有力度、色彩还原准确、有强烈的色彩饱和度、色泽鲜亮、色彩变化丰富,给人以色彩艺术感染力。

(5)图片背景简洁,前后反差分明,主体突出。

(6)产品图片的后期处理,应该以实物为基础,尽量忠实于原物,不能违背产品原本的面目。否则顾客收到货后,会有货不对版的受骗感,卖家的信誉也会受到影响。

3. 图片基本知识

在对产品图片处理前需要掌握图片格式、分辨率、颜色模式等基本知识。

(1)图片的保存格式

网上发布的产品图片格式主要有 JPEG、GIF、PNG 三种,而 PSD 格式是 Photoshop 源文件,不能用于网络发布。

① JPEG 是 Joint Photographic Experts Group(联合图像专家组)的缩写,文件后辍名为".jpg"或".jpeg",是一种支持 8 位和 24 位色彩的压缩位图格式,是最常用的图像文件格式。JPEG 格式的应用非常广泛,特别是在网络和光盘读物上,都能找到它的身影。目前各类浏览器均支持 JPEG 这种图像格式,因为 JPEG 格式的文件尺寸较小、下载速度快。JPEG 是一种有损压缩格式,能够将图像压缩在很小的储存空间,图像中重复或不重要的资料会被丢失,因此容易造成图像数据的损伤。JPEG 格式压缩的主要是高频信息,对色彩的信息保留较好,适合应用于互联网,可减少图像的传输时间,可以支持 24 位真彩色,也普遍应用于需要连续色调的图像。JPEG 格式是目前网络上最流行的图像格式,是可以把文件压缩到最小的格式,在 Photoshop 软件中以 JPEG 格式储存时,提供 11 级压缩级别,以 0~10 级表示,其中 0 级压缩比最高、图像品质最差。

优点:摄影作品或写实作品支持高级压缩;利用可变的压缩比可以控制文件大小;支持交错(对于渐近式 JPEG 文件);JPEG 广泛支持 Internet 标准。

缺点:有损耗压缩会使原始图片数据质量下降;当编辑和重新保存 JPEG 文件时,JPEG 会混合原始图片数据的质量下降,这种下降是累积性的;JPEG 不适用于所含颜色很少、具有大块颜色相近的区域或亮度差异十分明显的较简单的图片。

② PNG(Portable Network Graphics)的原名称为"可移植性网络图像",是网上接受的最新图像文件格式。PNG 能够提供长度比 GIF 小 30% 的无损压缩图像文件,同时提供 24 位和 48 位真彩色图像支持以及其他诸多技术性支持。由于 PNG 非常新,所以目前并不是所有的程序都可以用它来存储图像文件,但 Photoshop 可以处理 PNG 图像文件,也可以用 PNG 图像文件格式存储。

优点:PNG 支持高级别无损耗压缩;PNG 支持 Alpha 通道透明度;PNG 支持伽玛校正;PNG 支持交错;PNG 受最新的 Web 浏览器支持。

缺点:较旧的浏览器和程序可能不支持 PNG 文件;作为 Internet 文件格式,与 JPEG 的有损耗压缩相比,PNG 提供的压缩量较少;作为 Internet 文件格式,PNG 对多图像文件或动画文件不提供任何支持。

③ GIF(Graphics Interchange Format)格式采用无损压缩算法进行图像的压缩处理,是目前在网页设计中使用最普遍、最广泛的一种图像格式。GIF 图像文件的数据是经过压缩的,而且是采用了可变长度等压缩算法。所以 GIF 的图像深度为 1~8 位,也即 GIF 最多支持 256 种色彩的图像。GIF 格式的另一个特点是其在一个 GIF 文件中可以存多幅彩色图像,

如果把存于一个文件中的多幅图像数据逐幅读出并显示到屏幕上,就可构成一种最简单的动画。

优点:图像文件小,下载速度快,支持小动画,可指定透明区域。

缺点:支持的颜色较少。

④ PSD 格式是 Photoshop 图像处理软件的专用文件格式,文件扩展名是".psd",可以支持图层、通道、蒙版和不同色彩模式的各种图像特征,是一种非压缩的原始文件保存格式。PSD 文件有时容量会很大,但由于可以保留所有原始信息,在图像处理中对于尚未制作完成的图像,选用 PSD 格式保存是最佳的选择。

(2) 图片分辨率

图片分辨率所使用的单位是"像素",表示在图像中每英寸所显示的像素数目。这种分辨率有多种衡量方法,典型的是以每英寸的像素数来衡量。用于网络上发布的产品图片分辨率默认设置为 72 像素/英寸,一般以 dpi 表示,即每英寸使用多少个像素点。分辨率的数值越高,表示在相同长度内划分的单位越多、越细小,影像自然越清晰。在扫描产品图片时,一般要设置为 72dpi 和 300dpi 两种分辨率,其中 72dpi 就是直接使用于网络的产品分辨率,300dpi 是用于制作产品说明手册即用于印刷的图片。

(3) 图片的颜色模式

颜色模式是图像在屏幕上显示的前提,常用的颜色模式有 RGB 颜色、CMYK 颜色、灰度、位图、Lab 颜色等。在 Photoshop 软件中新建一个文档时,弹出的"新建"对话框里列出了这几种常见的颜色模式,如图 2-6 所示。对于需要发布上网的产品图片而言,只需将颜色模式设置成 RGB 模式即可;如有需要处理成灰色的图片,可以转换成"灰度"模式;如果制作的产品图片需要打印,应将颜色模式设置成 CMYK 模式,因为它是一种基于印刷处理的颜色模式,可以减少图像失真。

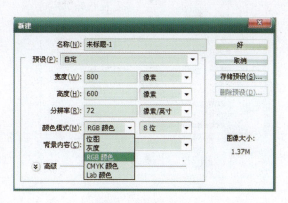

图 2-6　颜色模式

任务 1.2　产品图片基本编辑

任务描述

我们拍摄产品图片的目的是为了更好地经营产品,但我们不是专职摄影师,既没有高超的专业摄影技术,又没有昂贵、专用的摄影设备;同时,影响拍摄效果的因素有很多,比如拍摄环境、光源变化等。所以,拍下的照片不可能尽善尽美,一般都会出现变形、偏色等情况,需要再进行后期处理工作,可以使产品图片更清晰,更能准确地表现产品的色彩。

任务分析

从本任务开始,我们要学习专业图像处理软件 Photoshop 的使用。这是一款功能极其强大的图像处理软件,虽然它的操作相对于网络上的小型图像软件要复杂一些,但是只要按照本教材认真地学习,就能取得理想的进步。

在这个任务中,我们先来学习 Photoshop 的基础应用——调整图像大小和方向、裁切图像、校正倾斜和纠正图像几何变形。

任务实施

1. 调整图像大小和方向

将照片导入到 Photoshop 中,选择"图像"|"图像大小"命令,然后在"图像大小"对话框的"像素大小"选项区域中修改照片的尺寸。默认状态下照片尺寸的缩放都是按照"约束比例",如果没有选择该项也可以在对话框把该选项选中。

在"像素大小"选项区域中显示出了当前图片的容量为 18MB,尺寸为 3072×2048 像素,显然这样的图片用来制作电子作品不太合适,如图 2-7 所示。我们把图片的宽度调节为 600 像素,高度按照约束比例自动缩小,同时像素大小中显示的图片容量也相应地减小了,如图 2-8 所示。

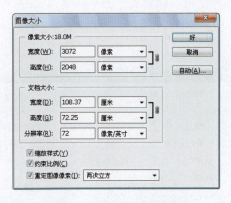
图 2-7 "图像大小"对话框

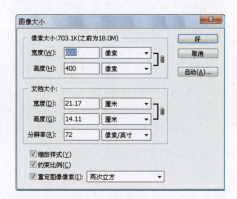
图 2-8 调整图像大小

"像素大小"选项区域显示图像文件的大小和尺寸,"文档大小"选项区域可通过改变"宽度"、"高度"和"分辨率"值来改变图像的实际尺寸。选中"缩放样式"复选框,可在调整大小后的图像中缩放效果;选中"约束比例"复选框,将锁定图像的宽高比例;另外,只有选中"重定图像像素"复选框,才可改变像素大小。

旋转图像的具体操作步骤如下:

(1) 在 Photoshop 中打开需要旋转的图片,如图 2-9 所示。

(2) 选择"图像"|"旋转画布"命令。

(3) 根据需要选择合适的旋转方向,如顺时针旋转 90 度,便可以调整图片的方向,如图 2-10 所示。

图 2-9　调整前

图 2-10　调整后

通过旋转操作,可以调整照片的呈现方向问题。

2. 裁切重新构图

裁切重新构图的具体操作步骤如下。

(1) 打开需要裁切的图像,如图 2-11 所示。

(2) 单击"裁切工具" ,然后在图片内拖动鼠标确定裁切的选定范围,将要被裁切掉的区域会变暗。第一次裁切边框时不必担心其位置是否准确,因为还可以拖动控制点对其进行调整。

(3) 调整好裁切边框后,按下 Enter 键裁切图像,效果如图 2-12 所示。

图 2-11　裁切前

图 2-12　裁切后

(4) 此外,也可以通过"裁切工具" 裁切出产品的局部细节图,以更清晰地展现产品的细节特征,如图 2-13 和图 2-14 所示。当然,原始图片应足够大。

图 2-13　原图

图 2-14　局部细节图

3．校正倾斜图像

有一些被摄物歪斜的照片，则需要借助网格或应用"度量工具"来调整。

其具体操作步骤如下。

（1）打开需要校正的照片，如图 2-15 所示。

（2）单击工具箱中吸管工具组中的"度量工具"按钮，在图像中沿水平天然基线拖曳画出度量线，如图 2-16 所示。

（3）选择"图像"｜"旋转画布"｜"任意角度"命令，如图 2-17 所示。

图 2-15　校正前

图 2-16　使用度量工具

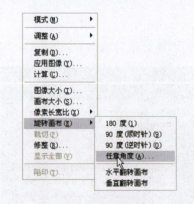

图 2-17　旋转画布

（4）打开"旋转画布"对话框，模拟默认的角度旋转照片，选择转动方向，再单击"好"按钮，如图 2-18 所示。

图 2-18　"旋转画布"对话框

(5) 这时，旋转后的图像四周留有白色的空白部分，我们需要将其去除，如图 2-19 所示。使用"裁切工具"画出裁切框，按下 Enter 键，得到校正的照片，如图 2-20 所示。

图 2-19　旋转后的图像

图 2-20　校正后

【小提示】

图像修饰中经常要使用的变形校正有以下 3 种方法：
(1) 选中"移动工具"属性栏中的"显示定界框"选项，调出定界框进行变形修改；
(2) 选择菜单"编辑"｜"自由变换"命令；
(3) 使用 Ctrl＋T 组合键。

4. 校正几何变形图像

由于拍摄角度不当或拍摄距离过近，会造成镜头畸变差，使图像几何变形，如枕形变形、梯形变形等。

其具体操作步骤如下。

(1) 打开需要校正的照片，如图 2-21 所示，该图存在明显的梯形失真。

(2) 为了辅助图像中对象的对齐和排列，选择"视图"｜"显示"｜"网格"命令，在图像文件窗口中显示网格。

图 2-21　校正前

(3) 按 Ctrl＋J 组合键复制背景层，执行"编辑"｜"变换"｜"斜切"命令参照网格线进行粗调，适当调整后按 Enter 键，如图 2-22 所示。

(4) 再执行"编辑"｜"变换"｜"扭曲"命令对局部进行微调，使画面中主体的边线与网络参照线平行，校正后的效果如图2-23所示。

图 2-22　斜切

图 2-23　校正后

使用图层的最大方便是,可以在不影响整个图像中大部分元素的情况下处理其中一个元素。可以把图层想象成是一张张叠起来的透明胶片,每张透明胶片上都有不同的画面,所以改变图层的顺序和属性可以改变图像的最终效果。

5．批处理图片

如果有大量图片需要执行同一种处理,例如,将所有产品图片调整为统一尺寸,为了避免大量重复操作,可以使用批处理命令实现,具体操作步骤如下。

（1）运行 Photoshop 软件,选择"文件"|"打开"命令,选择所有需要处理的产品图片,如图 2-24 所示。

（2）将所有的产品图片打开后,就可以设置批处理命令了。选择第一个打开的产品图片,选择"窗口"|"动作"命令,打开"动作"面板,如图 2-25 所示。选择默认生成的"组 1"动作文件夹,再单击面板上的"删除"按钮,将原先的默认动作删除。

图 2-24 打开所有产品图片

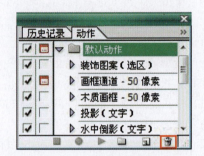

图 2-25 "动作"面板

（3）删除后再单击"创建新动作"按钮,打开"新动作"对话框,可以设置"功能键",如设置成 F2,即其他图片在处理时只要按下 F2 键,就可以像第一张图片一样进行处理。"新动作"对话框如图 2-26 所示。

图 2-26 "新动作"对话框

（4）其他选项都保持默认设置,单击"记录"按钮,则图片的处理步骤会被自动记录下来。选择第一张产品图片,选择"图像"|"图像大小"命令,打开"图像大小"对话框,设置图像的宽度和高度均为 500 像素。

注意：这里需要进行批处理的图片，必须是在同一模式下拍摄的产品图片，才可以进行批处理操作，即大小和模式都是一样的，因为批处理的时候，是按一定的操作程序记录下所有操作，如果原始的图片不一样，处理后的效果就会有很大的不同。

（5）设置完成后选择"文件"|"存储"命令，关闭所编辑的图片，再单击"动作"面板上的"停止/播放记录"按钮，此时的"动作"面板如图2-27所示，已经记录下了所有的操作步骤。

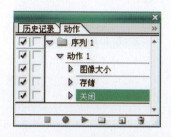

图2-27　记录下操作的"动作"面板

（6）此时第一张图片的动作已经设置完毕。对于其他的产品图片，不须再按上面的步骤重复处理，只要按下刚才设置好的F2功能键，即可快速完成图片的批量处理操作。

1．缩小图像容量

上传图片至互联网上除了对图片格式有要求外，对图片的尺寸大小也有严格限制。数码相机拍出的照片，容量都很大，要想用于网上传输，必须减小容量。由于图像文件大小、图像文件的尺寸、图像分辨率等图像属性是相互影响的，因此在图像处理的过程中设置和调整它们，对于图像文件处理操作本身是很重要的。

在创建图像文件时，用户可以在"新建"对话框中对图像文件的尺寸进行定义。如果想对已经打开或创建的图像文件进行调整，可以通过在执行"图像"|"画布大小"命令后产生的对话框中设置相关参数选项实现。

在Photoshop中，用户也可以通过执行"图像"|"图像大小"命令后产生的对话框中改变图像文件的尺寸。与"画布大小"命令不同的是，"图像大小"尺寸参数的更改是图像文件整体的缩小或放大，而不是对图像文件画面空间的减少和增加。

2．裁切图像

在拍摄图像过程中，有时会因为取景不当使图像画面不协调，也就是常说的"相片构图不好"。在Photoshop中用户可以采用裁切画面的方法重新调整图像画面区域范围，并且使图像范围取景准确。裁切就是移去部分图像以形成突出或加强构图效果的过程。

使用裁切画面的方法，可以在不改变图像分辨率的情况下剪切画面中不需要的图像区域。一般裁切画面的方法有两种：一是选择"画面大小"命令，通过"画面大小"对话框设置缩小画面的方向进行简单裁切；二是使用工具箱中的"裁切工具"，在画面中自由设定所需区域范围。

3. 变换图像角度

对于整体变换图像,可以执行"图像"|"旋转画布"命令,打开其级联菜单,并选择相关命令,整体变换处理画面。对于变换处理选区和图层中的图像,可以执行"编辑"|"自由变换"命令,移动光标至定界框外,当光标变为手柄时,按下鼠标左键并顺时针或逆时针拖动,即可变换选区或图层中的图像。

4. 校正几何变形图像

对于存在诸如枕形、梯形等几何变形的图像,可以通过"编辑"|"调整"中的各命令实现。

本任务中所用到的工具和命令如下。

尺寸设置:"图像"|"图像大小"命令。

旋转图像:"图像"|"旋转画布"命令、"图像"|"调整"|"自由变换"命令。

图像裁切:"图像"|"裁切"命令、"裁切工具"。

调整倾斜:"度量工具"、"图像"|"旋转画布"命令。

校正几何变形:"编辑"|"变换"|"斜切"、"编辑"|"变换"|"扭曲"等命令。

任务 1.3　产品图片缺陷修复

任务描述

顾帆在室内拍摄了一组产品图片,由于拍摄环境的限制,图像上出现多余杂物;由于缺乏三脚架,图像清晰度不高;由于在室内拍摄借助了闪光灯,图像上出现亮斑。遇到上述问题该如何修正?

任务分析

在后期图片处理中,修复照片局部是经常需要用到的技能。由于环境限制而造成图像画面中的斑点和杂物,可以利用"仿制图章工具"或"修复画笔工具"来消除。在拍摄时,我们常常会因为相机焦距调整得不准确造成图像画面不清晰,可通过 Photoshop 中相关的滤镜和图层混合模式,适当修复模糊的图像。需要注意的是,在做图时一定要小心谨慎,细节之处最好放大进行处理以减少误差,避免留下操作痕迹。

任务实施

1. 擦除图像多余部分

在图 2-28 中我们要擦除毛巾上的标签,可以用 Photoshop 中的"仿制图章工具"来实现。

其具体操作步骤如下。

(1) 打开需要修饰的图像,如图 2-28 所示,按 Ctrl+J 组合键复制一个新图层,创建一个背景副本层。

(2) 单击工具箱中的"仿制图章工具"按钮,从选项栏中的"画笔预设"中选择柔边的画笔,大小根据将擦除的标签大小反复调整,如图 2-29 所示。

图 2-28 擦除前

图 2-29 设置仿制图章的画笔

（3）按下 Alt 键的同时，用鼠标在标签旁边的背景区单击一次，进行取样，为了保持背景的一致，一定要在靠近标签的背景区取样。

（4）释放 Alt 键及鼠标，将鼠标指针移动到有标签的地方单击一下，即可把标签擦除。同理，反复取样，反复擦除，最后效果如图 2-30 所示。

图 2-30 擦除后

2．图像清晰化处理

图 2-31 是一副拍摄模糊的图像，我们将利用 Photoshop 中的有关命令对其进行最大程度的清晰化处理，可以运用以下两种方法改善。

方法一：运用"高反差保留"滤镜

其具体操作步骤如下。

（1）打开需要修饰的图像，按 Ctrl＋J 组合键复制一个新图层，创建一个背景副本层。

（2）选择菜单"图像"|"调整"|"去色"命令，去掉背景副本层颜色，如图 2-32 所示。

图 2-31 调整前

（3）选择菜单"滤镜"|"其他"|"高反差保留"命令，在对话框中将半径参数设置为 1.5，单击"好"按钮来确认设置，如图 2-33 所示。

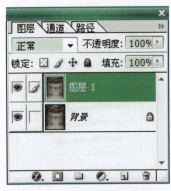

图 2-32　创建背景副本并去色

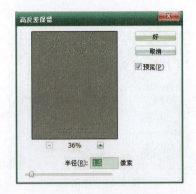

图 2-33　高反差保留

（4）在图层调板中将背景副本层的混合模式改为"叠加"，如图 2-34 所示，可见到清晰的效果。将背景副本层再复制一次，则图像更清晰。最终效果如图 2-35 所示。

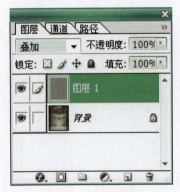

图 2-34　"叠加"图层

图 2-35　清晰化后的效果

方法二：运用"锐化"滤镜

（1）打开一张不清晰的照片，如图 2-36 所示。

（2）选择"图像"|"模式"|"Lab 颜色"命令，如图 2-37 所示。

图 2-36　原图

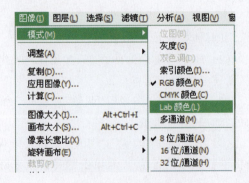

图 2-37　选择 Lab 模式

（3）打开图层面板，复制背景图层。

(4)在背景图层副本上选择"锐化"|"USM 锐化"命令,弹出"USM 锐化"对话框,如图 2-38 所示。

(5)将图层模式设置为"柔光",不透明度设置为 90%,如图 2-39 所示。

图 2-38 "USM 锐化"对话框

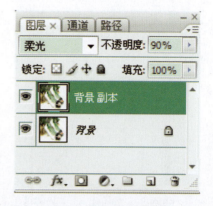

图 2-39 复制背景图层

(6)如果还不够清晰,可以复制相应图层,直到调整到清晰为止,清晰化后的图像如图 2-40 所示。

图 2-40 清晰化后的图像

3. 消除图像亮斑

消除图像亮斑的具体操作步骤如下。

(1)打开需要修饰的图像,如图 2-41 所示,按 Ctrl+J 组合键复制一个新图层,创建一个背景副本层。

(2)单击"仿制图章工具"按钮,在选项栏中把效果模式从"正常"改为"变暗",把不透明度降到 80%,如图 2-42 所示。

图 2-41 去除光斑前

图 2-42 "仿制图章工具"属性

通过把效果模式修改为"变暗",可以只影响比采样点亮的像素,亮斑就是由这些比较亮的像素组成的。

(3) 选择柔角笔刷,按下 Alt 键的同时单击图像上没有亮斑的区域,这个区域成为采样区域,也就是取样点。

(4) 用"仿制图章工具" 在亮斑上轻轻地描绘,绘制时亮斑会消褪,所处理出来的结果如图 2-43 所示。

(5) 由于图像整体色调偏暗,可执行"图层"|"新调整图层"|"曲线"命令,适当调整图像的亮度和对比度,如图 2-44 所示,最终效果如图 2-45 所示。

图 2-43　消除亮斑

图 2-44　调整曲线

图 2-45　调整色调后

曲线的水平轴表示原始图像的亮度,即图像的输入值,垂直轴表示处理后新图像的亮度,即图像的输出值。在曲线上单击可创建一个或多个调节点,拖动调节点可以调整调节点的位置和曲线弯曲的弧度,从而达到调整图像明暗程度的目的。如果一个节点还不能满足需求,可以在曲线上添加多个调节点来综合调整图像的效果。

知识链接

1. 仿制图章工具

"仿制图章工具" 可以从图像中取样,然后可将样本应用到其他图像或同一图像的其他部分。在 Photoshop 中,使用"仿制图章工具" 不仅可以从正在处理的图像中进行复制,也可以从一个图层的一部分复制到另一个图层,还可以在另一个单独的图像窗口中进行复制。对于复制对象或移去图像中的缺陷,"仿制图章工具" 是十分有用的。在拍摄时,不均匀光或闪光灯会导致图像出现光亮区域,也可以用"仿制图章工具" 修复。

2. Photoshop 其他修饰工具

除了图章工具组以外,Photoshop 还提供了"修复画笔工具"、"污点修复画笔工具"、"修补工具"和"红眼工具"等多个用于修复图像的工具。利用这些工具可以有效地清除图像上的杂质、刮痕和褶皱等瑕疵。

(1)"修复画笔工具"

"修复画笔工具"可用于修复瑕疵,将取样点的像素和修复之处的像素混合,使它们消失在周围的图像中。在复制或填充图案的时候,会将取样点的像素自然融入复制的图像位置,并保持其纹理、亮度和层次的一致,使被修复的图像和周围的图像完美结合。在"工具"调板中选择"修复画笔"工具,该工具的选项栏的"源"选项中选择"取样"单选按钮,可使其操作方法和"仿制图章"工具一样;选择"图案"单选按钮,可使其操作方法和"图案图章"工具相同。

(2)"污点修复画笔工具"

"污点修复画笔工具"可以迅速修复图片中的污点以及其他不够完美的地方。污点修复画笔的工作原理与修复画笔相似,而修复画笔的工作展现是指从图像或图案中提取样本像素来涂改需要修复的地方,使需要修改的地方与样本像素在纹理、亮度和透明度上保持一致,从而用样本像素遮盖需要修复的地方。与修复画笔不同的是,污点修复画笔不需要指定样本区,它会自动从需要修复处的四周提取样本。

(3)"修补工具"

"修补工具"可以用其他区域或图案中的像素修复选择区域中的图像像素。与"修复画笔工具"一样,"修补工具"会将样本像素的纹理、光照和阴影与源像素进行匹配。使用该工具时,既可以直接使用已经制作好的选区,也可以利用该工具制作选区。

本任务练习了产品图片的缺陷修复与美化,主要包括擦除图像多余部分、图像清晰化处理以及消除图像亮斑等。所用到的工具和命令有:

擦除图像多余部分:"仿制图章工具"或"修复画笔工具"。

图像清晰化处理:"图像"|"调整"|"去色"命令、"图像"|"其他"|"高反差保留"命令或"锐化"滤镜。

消除图像亮斑:"仿制图章工具"。

任务1.4 产品图片影调调整

任务描述

顾帆进入生产车间拍摄了一些产品图片,扫描了一些证书。但由于光线条件和拍摄技术的原因,所拍摄的图像出现了曝光不足、灰暗和偏色等问题,分别如图2-46、图2-47和图2-48所示,请用Photoshop软件进行后期处理调整,使之恢复正常影调。

图2-46 曝光不足图像

图2-47 灰暗图像

图2-48 偏色图像

任务分析

由于光线条件和拍摄技术的影响,拍摄的相片会出现曝光不足、偏色和灰暗等问题。这些问题均属于色彩与色调方面的问题,可通过 Photoshop 中"图像"|"调整"菜单下各命令的运用,再结合粗调与微调的方法来纠正。

任务实施

1. 调整曝光不足

图 2-46 这张证书严重曝光不足,字迹难辩,并且有略微的梯形失真。我们可以在 Photoshop 中利用"色阶"或"曲线"命令进行调整,并用"编辑"|"变换"|"斜切"命令校正梯形失真。具体操作步骤如下。

(1)选择"图像"|"调整"|"自动色阶"命令,大致增强曝光度。

(2)选择"图像"|"调整"|"曲线"命令,应用"多点控制"的方法,对图像进行细微调整,达到比较精确的效果,如图 2-49 所示。

(3)选择"编辑"|"变换"|"斜切"命令,对图像下方的两个端点进行调整,使证书达到矩形状态。

(4)用"裁切工具"去除证书周围多余部分。最终效果如图 2-50 所示。

图 2-46 也可使用"图像"|"调整"|"暗调/高光"命令,使用默认的参数,用来校正曝光不足,如图 2-51 所示。

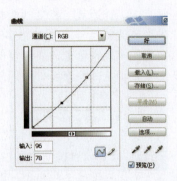

图 2-49 "曲线"命令

图 2-50 调整曝光度后

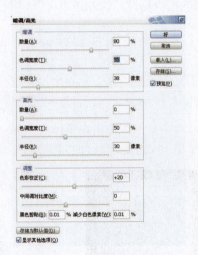

图 2-51 "暗调/高光"命令

2. 调整灰暗图像

图 2-47 是一幅色彩灰暗的图像,色彩对比不鲜明,整体效果黯淡。我们可以用以下两种方法来调整。

方法一：色阶法

首先利用"色阶"命令调亮图像，然后利用"亮度/对比度"命令进一步处理图像。

具体操作步骤如下。

（1）打开图 2-47 所示的图像，按 Ctrl+J 组合键复制一个新图层。

（2）执行"图像"|"调整"|"色阶"命令，在"色阶"对话框中调整输入色阶的中间值和亮部值，如图 2-52 所示，单击"好"按钮。

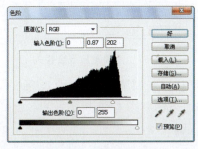

图 2-52　调整曝光度后

图 2-53　"亮度/对比度"对话框

（3）执行"图像"|"调整"|"亮度/对比度"命令，在弹出的对话框中适当增加亮度和对比度值，如图 2-53 所示。调整后的最终效果如图 2-54 所示。

方法二：曲线法

首先利用"曲线"命令将整体调亮，然后利用"亮度/对比度"命令处理细节。

具体操作步骤如下。

（1）打开图片，按 Ctrl+J 组合键复制一个新图层。

图 2-54　调整灰暗后

（2）执行"图像"|"调整"|"曲线"命令，在"曲线"对话框的网格中单击曲线的中间，将它向上拖动，以加亮图像，如图 2-55 所示，单击"好"按钮。同样可以调出如图 2-54 所示的效果。

3. 修正图像偏色

色调调整技巧在处理图片时非常实用。图 2-48 是一幅严重偏色的图像，我们可以利用 Photoshop 有关命令将它恢复为正常色调。具体操作步骤如下。

（1）打开图片，按 Ctrl+J 组合键复制一个新图层（为了防止调整失败）。

（2）执行"图像"|"调整"|"匹配颜色"命令，选中"中和"选项，再做适当调整，如图 2-56 所示。

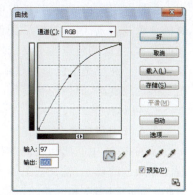

图 2-55　调整曲线

（3）由于图片太暗，再按 Ctrl+J 组合键复制一层，混合模式设为"滤色"，如图 2-57 所示，然后按 Ctrl+E 组合键向下合并。

商 务 信 息 处 理

图 2-56 "匹配颜色"对话框

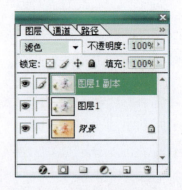

图 2-57 修改图层混合模式

（4）如图 2-58 所示，此时图像有些偏亮，可执行"图层"｜"新调整图层"｜"曲线"命令，适当调整图像的亮度和对比度，如图 2-59 所示。调整后的最终效果如图 2-60 所示。

图 2-58 修改图层混合模式

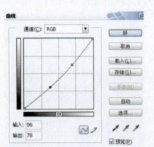

图 2-59 用"曲线"命令微调

图 2-60 调整偏色后的图像

知识链接

1. 色彩的基本属性

根据色彩的构成分析，任何色彩都是由色相、明度和纯度这 3 种主要性质决定的。这是色彩的 3 个基本属性，它决定了颜色的基本性质。**色相**是指能够区别各种颜色的固有色调和相貌的名称，是区别色彩的主要依据，是色彩特征的主体因素。**明度**是色彩的明暗差别，即深浅层次差别。**纯度**是指色彩中以单种标准色为基准，其成分比例的多少，即颜色的鲜明程度。鲜艳的颜色纯度高，原色的纯度最高，发暗的颜色纯度低。

2. 色彩校正

色彩校正包括两个方面的矫正，即图像的层次和图像的颜色。所谓图像层次的校正，就是对图像的高调、中间调和暗调进行处理，使图像层次分明，各层次都保持完好，并显现清楚。所谓图像颜色的校正，就是把图像中的偏色纠正过来，使颜色符合审美要求。色彩校正具体涉及色相、亮度、饱和度和反差的调整。

在进行色彩校正时应注意以下几点。

（1）如果图像主要在显示器上观看，应在 RGB 模式下进行色彩校正；如果图像用于印刷，应在 CMYK 模式下进行色彩校正。

（2）当调整图像的颜色或色调时，某些图像信息会被扔掉。因此有必要保留图像原文件，以防万一。

（3）在调整颜色和色调之前，应去除图像中的尘斑、污点和划痕等。

3. 常见色彩校正方法

(1) 自动处理图像颜色

使用 Photoshop 中自动处理图像颜色的有关命令,可以在不需要设置对话框选项的前提下,自动调整图片的颜色和色调。

(2) 调整曝光不足

由于光线条件和拍摄技术的影响,拍摄的图片有时会出现画面曝光不足的现象。如果出现这种问题,可以使用 Photoshop 中的"色阶"命令纠正画面曝光的不准确。使用"色阶"命令可以设置图像画面的白场、灰场和黑场 3 个部分数值,调整图像的高光部分、中间调部分和暗调部分的色调使其和谐。

(3) 纠正偏色图像

在拍摄过程中,有时由于数码相机的白平衡设置不正确或拍摄环境的光线因素的影响,而导致拍摄的图片画面颜色偏向某种颜色,这就是常说的"偏色"现象。可以使用 Photoshop 中的颜色取样工具和"信息"选项卡判断图片偏向的颜色,也可以根据图片的拍摄时间以及拍摄的景物判断图片偏向的颜色,然后使用 Photoshop 中的"色彩平衡"命令或"变化"命令、"色阶"命令、"曲线"命令来修正偏色的图片。

"色彩平衡"命令可以简单快捷地调整图像暗调区、中间调区和高光区的各色彩成分,并混合各色彩到平衡。若图像有明显的偏差,可以用该命令来纠正。此命令必须确定在"通道"面板中已选择了复合通道,因为只有在复合通道下此命令才可用。

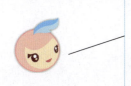

◆ 色彩平衡:在"色阶"文本框中输入数值可以调整 RGB 模式到 CMYK 模式间对应的色彩变化,当 3 个数值都设置为 0 时,图像色彩无变化。

◆ 色调平衡:用于选择需要着重进行调整的色彩范围,包括"阴影、中间调、高光"3 个单选按钮,选中某一单选按钮后可对相应色调的颜色进行调整。选中"保持亮度"复选框表示调整色彩时保持图像亮度不变。

(4) 纠正灰暗图像

对于画面灰暗的图片,可以使用 Photoshop 中的"亮度/对比度"命令修正,使图片画面色调变亮、画面颜色丰富鲜艳。不过,图片画面的亮度增加,有时可能会导致其高光部分的图像细节损失。

本任务主要练习调整产品图片的色彩与色调,包括调整曝光不足、修正偏色、调整灰暗等。所用到的工具和命令如下。

调整曝光不足图像:"图像"|"调整"|"自动色阶"命令、"图像"|"调整"|"曲线"命令、"图像"|"调整"|亮度/对比度"命令。

修正偏色图像:"图像"|"调整"|"匹配颜色"命令、"图层"|"新调整图层"|"曲线"命令。

调整灰暗图像:"图像"|"调整"|"色阶"命令、"图像"|"调整"|"亮度/对比度"命令、"图像"|"调整"|"曲线"命令。

思考与实践

一、思考题

1. 对于一幅已拍摄的产品图片,在上传到网络上之前,一般应做哪些后期处理工作?

2. 裁切图像可以有哪些用途？

3. 校正图像倾斜可以用哪些工具完成？

4. 如何校正图像几何变形？

5. 当图像上出现多余的杂物时，可以用哪些工具去除？

6. 对图像清晰化处理可用哪些方法？

7. 调整图像影调一般有哪些工具和命令？

二、实践训练

校正修复产品图片

任务概述

我们利用数码相机已拍摄了若干产品图片，但由于技术、天气、时间等原因或条件所限，照片效果有时不尽如人意，图像出现了几何失真、主体不突出、不够清晰、影调失真等问题，需要利用 Photoshop 软件对图像进行后期校正修复。

作业要求

1. 根据构图的需要适当裁切图像，实现不同的构图效果，但图像主体应完整。

2. 如果拍摄时镜头与实物离太近或拍摄角度不当，会引起图像几何变形，用适当的工具尽可能将失真还原。

3. 根据需要去除图像上的多余部分，使主体简明突出。

4. 对于清晰度不高的图像尝试用不同方法进行清晰化处理。

5. 用合适的方法去除图像上的亮斑。

6. 调整图像的曝光度。

7. 调整灰暗的图像。

8. 修正图像偏色。

9. 将原图和效果图上交教师。

10. 作业时间：100 分钟。

11. 作业总分：50 分。

任务实施评价

《产品图片校正修复作业》评价表如表 2-1 所示。

表 2-1 《产品图片校正修复作业》评价表

学生姓名：		总分：50 分		学生总得分：
作业名称	产品拍摄准备作业			
	内　容	子项分值	实际得分	评　语
作业子项	裁切重新构图	5 分		
	校正几何变形图像	5 分		
	去除图像多余部分	10 分		
	图像清晰化处理	5 分		
	去除图像亮斑	10 分		
	调整图像曝光度	5 分		
	调整灰暗图像	5 分		
	修正偏色图像	5 分		

任务 2　美化处理产品图片

任务概述

使用 Photoshop 对拍摄好的产品图片进行初步处理后,图像的大小、格式等基本属性已经符合上传至网络的要求,图像中明显的瑕疵也可以在这个过程中得以修复。如果我们能够对产品图片进行进一步的美化处理,使其在不损产品真实信息呈现的前提下,适当体现发布者的艺术巧思和匠心,必能让产品在同等条件下更易博得买家青睐。在本次任务中,我们不仅能学会制作图像边框、颜色效果,还将学会为自己的产品图片加上水印,防止被人盗用。

任务包括:制作图片边框、制作水印印章、制作不同颜色效果。

任务情境

经过顾帆修正的产品图片和原图已经大不一样。在准备上传至网络平台之前,顾帆希望在细节上进一步完善:首先,他想把自己设计、注册登记的商标图案做成水印,加在产品图片上,以提高产品的品牌形象;其次,由于一些产品是使用白色背景拍摄,往往会和网络平台的背景色混在一起,难以区分,如果在图像外侧加上一个边框,就能使产品看上去更加醒目;最后,由于同一款式的商品有多种颜色,为了不重复拍摄,顾帆想尝试用 Photoshop 软件制作出各种色彩。

任务 2.1　制作图片边框

任务描述

给产品图片制作边框也是美化图片的一部分。观察下列组图,其中图 2-61 是一支水笔,背景是白色,而通常网页的背景色也是白色,这样就容易造成图片与网页混在一起;图 2-62 是一件工艺品,背景较为复杂,如果多个产品图片一起上传至网络,会容易造成风格不统一而显得杂乱无章;图 2-63 是一条毛巾,画面自身效果较有艺术性,但缺乏一个有艺术性的边框,使图片与背景过渡自然。

图 2-61　水笔原图

图 2-62　工艺品原图

图 2-63　毛巾原图

请分别为上述 3 幅产品图片制作合适的边框,达到既能使产品清晰美观、又能使产品主体突出的目的。

任务分析

给图片描边后可以使图片整体区别于背景而变得更醒目。如果图片背景是白色或纯色的,可以制作细线边框以凸显画面的精致;如果图片背景较复杂,则可以先为图片制作一个较粗的白边,再制作一个细线边框,这样既能使图片风格统一,又能使图片区别于背景而显得更醒目。

任务实施

使用白色背景拍摄的照片,往往会和网络平台的背景色混在一起,难以区分。如果在图片外侧加上一个边框,能够使产品看上去更加醒目。

1. 用 Photoshop 制作细线边框

(1) 打开需要描边的图片,如图 2-61 所示。如果要在图片外围描边,按 Ctrl+A 组合键选定整个图片,使之成为选区,如图 2-64 所示。

(2) 选择"编辑"|"描边"命令,在"描边"对话框中设置描边的宽度、颜色以及位置等,如图 2-65 所示。输入描边宽度时可以像素为单位。在"描边"、"位置"选项区域中,如果想把边线描在区域边缘外侧,则选中"居外"单选按钮;想正好描在边缘上就选中"居中"单选按钮;想描在边缘内侧就选中"内部"单选按钮。单击"确定"按钮,描边效果如图 2-66 所示。

图 2-64 创建选区

图 2-65 "描边"对话框

以上同样的效果也可以在"图层"面板中的"描边"样式中实现:打开需要描边的图片,在图层面板上单击"添加样式"按钮,选择"描边"样式,在如图 2-67 所示的对话框中设置描边的宽度、颜色以及位置等,预览效果,单击"确定"按钮。

图 2-66 描边后的效果

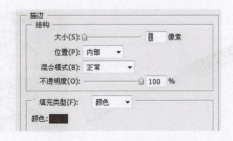

图 2-67 "描边"样式对话框

2. 用 Photoshop 制作相片边框

（1）打开需要描边的图片，如图 2-62 所示。

（2）单击调色板左下角的"默认前景色和背景色"按钮 ，确保背景色是白色（一般是制作白色相片边框）。

（3）使用工具箱中的"裁切工具" ，在图片的周围拖出一个框，再手动调整边框的尺寸，使之超出原图片区域一定范围，注意上下、左右的间距要相等，如图 2-68 所示。超出部分即图片的白色边框，效果如图 2-69 所示。

图 2-68　使用"裁切工具"拖出边框区域

图 2-69　白框效果

（4）最后在白框外还要再制作一个细线边框。保持图片全选不变，再次选择"编辑"|"描边"命令，在"描边"样式对话框中设置边框大小为 1 像素，颜色为白色以外的其余颜色均可（与图片原色调搭配和谐），位置为居中，取消选择后效果如图 2-70 所示。

图 2-70　相片边框效果

由图 2-70 可以看出，在图片较复杂的情况下，制作相片边框效果既可以保持所有照片风格统一，又能较明显区别于背景，而且即使图片再多也不会显得杂乱。

3. 用光影魔术手软件制作艺术边框

（1）打开光影魔术手软件，选择"文件"|"打开"命令打开需要添加边框的产品图片，如图 2-63 所示。

（2）在工具栏中选择"边框"|"花样边框"命令，如图 2-71 所示，在"花样边框"对话框的右侧选择合适的边框样式，可预览添加边框后的效果，如图 2-72 所示，然后单击"确定"按钮。

图 2-71　边框工具

图 2-72　"花样边框"对话框

（3）如果图片外围留出的空白太多,可用工具栏中的"裁剪工具"裁剪掉空白部分,使画面显得紧凑。这样制作的花样边框具有艺术气息,能较好地烘托产品的特性。

知识链接

1. 使用 Photoshop 制作图片边框

制作图片边框是一项非常有用的技能,一个精致的边框不仅可以美化版面,而且可以使产品增光添彩。一般我们都是采用现成的素材边框,但毕竟数量有限,或者不一定适用,自己制作则能避免这些问题。但是制作边框并不是一件简单的事情,需要对图片处理软件有充分的了解。

以 Photoshop 软件为例,制作边框的方法有:通道修改法、快速蒙版遮盖法、图层叠加法、路径选区法、画笔绘制法等。其中快速蒙版遮盖法最为常用、实用。

操作思路:用滤镜修改图片边缘则选择通道修改法或快速蒙版遮盖法;用路径则选择路径修改法;用图层则用图层叠加法;用画笔则用画笔绘制法。故而有 4 种思路,分别是滤镜、路径、图层、画笔,根据个人喜好和作品特点进行选择即可。

2. 专业边框制作软件

photoWORKS 是一款专为自动添加图片边框而开发的软件。除了它自带的众多边框效果外,也可以把边框模板修改成自己的风格,并且还可以在边框上加上签名、EXIF 信息等。软件预设有两百多个边框式样,大部分边框非常漂亮,完全可以满足一般需要。软件还具有一定的图片处理功能,简单易学,非常适合初级使用者学习使用。如图 2-73 所示为 photoWORKS 的界面。

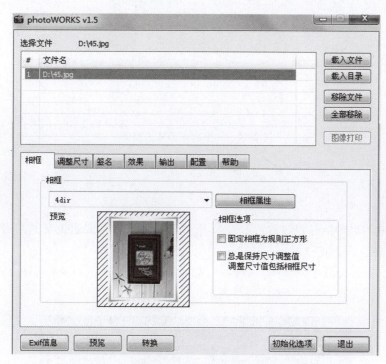

图 2-73 photoWORKS

任务 2.2 制作水印印章

经过顾帆修正的产品照片和原图已经大不一样。在准备上传至网络平台之前,顾帆希望能把自己设计、注册登记的商标图案做成个性化的水印印章加在产品照片上,不仅可以提升企业形象,而且还能防止图片上网后被人盗用。

制作水印印章的任务在技术操作层面难度较低,我们在掌握了前几次课程所学的技能后,能够较快掌握制作水印的技术。此次任务希望同学们充分发挥自己的艺术巧思,制作出独具匠心的印章水印 Logo,加在如图 2-74 所示的图片上。有时,一个充满创意的水印也会对提升公司形象大有裨益。

图 2-74　缺少水印印章的原图

任务实施

为了让制成的水印具有较好的艺术效果,可以先从网上下载安装免费的艺术字体。可参考的操作步骤如下。

(1) 字体下载。登录相关字体下载网站,如:字体量贩(http://www.font5.com.cn),从中选择合适的字体文件,单击下载并保存到本地计算机上。

图 2-75　字体量贩

(2) 字体安装。通常下载的字体文件为 WinRAR 压缩文件,将字体压缩文件解压缩后保存到 C:/WINDOWS/Fonts 目录下,这样字体就安装到计算机中了,如图 2-76 所示。凡是能进行文字编辑的软件都能使用这些字体。

(3) 新建一个尺寸适当的文档,并填充背景色(为了与文字区别),如图 2-77 所示。

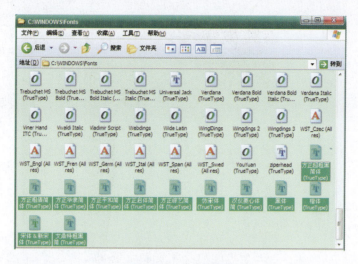

图 2-76 安装字体

（4）用文字工具输入文字，字体可使用刚刚安装的艺术字体。文字输入完成后设置不透明度为 65%，形成水印效果，如图 2-78 所示。

图 2-77 新建文档并填充背景

图 2-78 输入文字

（5）导入公司 Logo 图像，通过"图像"|"调整"|"色阶"命令将它调整为白色图像，设置不透明度为 65%，如图 2-79 所示。

（6）输入公司名称、商标等文字，设置不透明度为 65%，如图 2-80 所示。

图 2-79 加入 Logo

图 2-80 加入企业名称

（7）为了得到背景透明的版权印章，将背景图层删除，并将余下的图层合并，将印章文件保存为 .gif 格式（为了使得到的图像背景透明，务必要保存为 .gif 格式）。

（8）打开产品图片，将制作好的版权印章移动到产品图片上，可以适当调整角度和图层透明度，对于版权印章可以复制图层并连续排列。加盖版印章后的产品图片如图 2-81 所示。

图 2-81 添加水印印章效果

1. 版权印章效果

版权印章可以在一定程度上减少盗图行为的发生,以防止自己公司的产品被他人盗用。一方面,版权印章作为企业的标识符号,通过别具风格的水印能够加强客户对公司的印象;另一方面,它是也代表着一种企业文化,使客户能进一步了解企业的文化内涵和商业理念。此外,在所有的产品图片上合成印章既可以加上版权,也可以减少每次都添加水印文字的工作量。

2. 不透明度

制作水印时需要设置不透明度。"图层"面板中有两个控制图层不透明度的选项,即"不透明度"和"填充",数值 100% 表示完全不透明,50% 代表半透明。"不透明度"用来控制图层以及图层组中绘制的像素和形状的不透明度,如果对图层应用了样式,那么样式的不透明度也会受到该值的影响;"填充"是指图层的填充不透明度,它只影响图层中绘制的像素和形状的不透明度,不会影响图层样式的不透明度。

通过降低图层不透明度将产生透明或半透明效果,可以透过当前图层看到下方图层中的内容,从而产生叠加的合成效果。

3. 制作水印的小软件

除了 Photoshop 能制作水印外,网络上还可以免费下载许多制作水印的小软件,如:轻松水印、美图秀秀、可牛软件等,都可以用来尝试水印制作。

任务 2.3 制作不同颜色效果

通常,同一款型的产品具有不同种颜色,在时间和条件允许的情况下可以逐一拍摄;但有

时为了提高产品信息采集效率,同时保持产品的统一性与连贯性,我们可以在拍摄单件产品的基础上,基于产品原有的色彩,运用 Photoshop 软件制作出相应的颜色。试为图 2-82、图 2-83 和图 2-84 制作不同的色彩。

图 2-82　变色前的文件夹

2-83　变色前的台灯

图 2-84　变色前的女上衣

替换图像中产品的颜色,可以省去对有多个色彩的同一型号商品重复拍摄的麻烦;但是产品的颜色、明暗、色调的构成往往是很复杂的。例如,图 2-82 中的文件夹有多种明暗变化,图 2-83 中的台灯有多种颜色混杂。怎样才能替换图片中需要改变的颜色,又不会对其他部分颜色造成损失呢?这项工作会不会费时费力?不用担心,Photoshop 的强大功能足以让这项看上去复杂的工作变得易如反掌。利用 Photoshop 的有关命令可以随心所欲地更换图像颜色,方法有多种。

1．运用图像混合模式法变色

其具体操作步骤如下。

(1) 打开一幅背景较单一的图像(图 2-82),选择"魔棒工具"在图像背景部分创建选区,再通过"选择"|"反选"命令选中图像主体部分,完成后的选区如图 2-85 所示。

> 在 Photoshop 中,选区是指以流动虚线框选的区域,用于表示选择区域。在选区中可以选择图像,并对选区内图像进行编辑而不会影响选区外的图像;还可以通过填充选区来绘制图像。用于创建选区的工具主要有选框工具组、套索工具组和魔棒工具组。

(2) 设置前景色为蓝色,在图层面板中新建"图层 1",选择"油漆桶"工具,在选区中单击"填充颜色",如图 2-86 所示。

图 2-85　创建选区　　　　　　　图 2-86　对选区填充颜色

(3) 在图层面板中设置图层模式为"色相",如图 2-87 所示。按下 Ctrl+D 组合键,取消选区,最终效果如图 2-88 所示,按下 Ctrl+E 组合键合并图层。

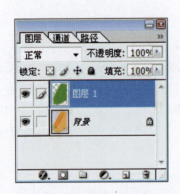

图 2-87　改变图层混合模式　　　　图 2-88　变色后的文件夹

2. 运用色相/饱和度法变色

其具体操作步骤如下。

(1) 打开原图(图 2-83),利用"魔棒工具"将图像中的主体选取出来,如图 2-89 所示。

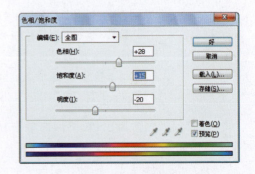

图 2-89　创建选区　　　　　　　图 2-90　调整色相

(2) 执行"图像"|"调整"|"色相/饱和度"命令，从中设置色相、饱和度和明度的参数，如图 2-90 所示，单击"好"按钮。改变颜色后的效果如图 2-91 所示。

3．使用替换颜色法变色

其具体操作步骤如下。

(1) 打开原图（图 2-83），先用"魔棒工具"大致绘制将要替换的颜色区域。

(2) 执行"图像"|"调整"|"替换颜色"命令，打开"替换颜色"对话框，如图 2-92 所示。

(3) 把鼠标指针移到图像中，此时光标变成了吸管的形状，在需要替换颜色的地方单击。

图 2-91 变色后的台灯

(4) 在"替换颜色"对话框的颜色区可以看到已经吸取了衣服的颜色，在预览窗口中可以看到，衣服的位置呈现白色，这是将要替换颜色的区域，黑色部分不会被替换，白色部分是会被替换颜色的区域。

(5) 在"替换颜色"对话框中选择添加到取样吸管，单击图像中衣服的阴影部分，这些颜色也被添加到替换颜色的区域中，拖动"颜色容差"滑块，该滑块控制选区中相关颜色的程度，如图 2-93 所示。

(6) 在"替换"选区中调整色相、饱和度、明度的参数，调整出所需要的颜色，如图 2-93 所示。一边调整一边观察图像，如果对替换的区域不满意，可以继续调整"颜色容差"滑块的位置，调整完成后，单击"好"按钮，最终效果如图 2-94 所示。

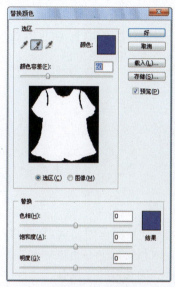

图 2-92 取样颜色

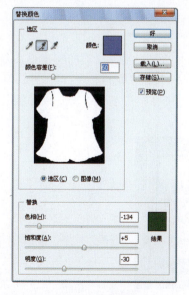

图 2-93 替换颜色

图 2-94 变色后的女上衣

> 知识链接

1. Photoshop 中的颜色模式

在 Photoshop 中,颜色模式是一个非常重要的概念,只有了解了不同颜色模式才能精确地描述、修改和处理色调。Photoshop 提供了一组描述自然界中光和色调的模式,通过它们,我们可以将颜色以一种特定的方式表示出来,而这种色彩又可以用一定的颜色模式存储。每一种颜色模式都针对特定的目的:如为了方便打印,可以采用 CMYK 模式;为了给黑白相片上色,可以先将灰度图像转换到彩色模式等。下面就来看看 Photoshop 提供的 9 种颜色模式。

(1) HSB 模式

HSB 模式是基于人类感觉颜色的方式建立起来的,HSB 颜色是根据人类对颜色分辨的直观方法,将自然界的颜色看做由色相(Hue)、饱和度(Saturation)、亮度(Brightness)组成。**色相**是从物体反射或透过物体传播的颜色。如图 2-95 所示,在 0~360°的标准色轮上,颜色沿着圆周进行规律性的变化。在通常的使用中,色相用颜色名称标记,如红色、橙色或绿色。

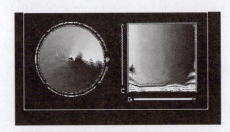

图 2-95　HSB 模式

饱和度(有时称为彩度)是指颜色的强度或纯度,表示色相中灰色分量所占的比例,它使用从 0%(灰色)~100%(完全饱和)的百分比来度量。在标准色轮上,饱和度从中心到边缘递增。

亮度是颜色的相对明暗程度,通常用从 0%(黑色)~100%(白色)的百分比来度量。

尽管可以使用 Photoshop 中的 HSB 模式定义"颜色"调板或"拾色器"对话框中的颜色,但是没有用于创建和编辑图像的 HSB 模式。

(2) RGB 模式

RGB 是 Photoshop 默认的图像模式,如图 2-96 所示,这种颜色模式由红(Red)、绿(Green)、蓝(Blue)三种基本颜色组合而成,因此,它是 24(8×3)位/像素的三通道图像模式。在颜色功能面板中,可以看到 R、G、B 三个颜色条下都有一个三角形的滑块,即每种都有从 0~255 的亮度值。通过对这三种颜色的亮度值进行调节,一共可生成超过 1 670 万种颜色,即通常所说的 16 兆色。

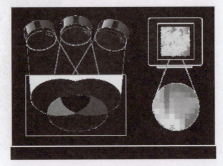

图 2-96　RGB 模式

在这种模式下,可以使用色板来精确地设置颜色。方法是单击色板功能面板中欲获取的颜色的样品色块,颜色功能面板中即显示出该色块的精确配色值(R、G、B 三色的亮度值),可以对其进行进一步微调。

在 Photoshop 中编辑图像时,最好选择 RGB 模式,因为它可以提供全屏幕多达 24 位的色彩范围,即通常所说的真彩色。RGB 模式一般不用于打印输出图像,因为它的某些色彩超出了打印的范围,且比较鲜艳的色彩会失真。

(3) CMYK 模式

CMYK 模式是一种基于印刷处理的颜色模式。由于印刷机采用青(Cyan)、洋红(Magenta)、黄(Yellow)、黑(Black)4 种油墨来组合出一幅彩色图像,因此 CMYK 模式就由这 4 种用于打印分色的颜色组成,它是 32(8×4)位/像素的四通道图像模式,如图 2-97 所示。

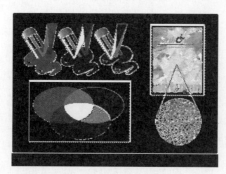

图 2-97　CMYK 模式

(4) Lab 模式

Lab 模式是一种独立于设备存在的颜色模式,不受任何硬件性能的影响。由于其能表现的颜色范围最大,因此在 Photoshop 中,Lab 模式是从一种颜色模式转换到另一种颜色模式的中间形式,由亮度和 a、b 两个颜色轴组成,是 24(8×3)位/像素的三通道图像模式。

(5) 位图模式

位图模式使用两种颜色值(黑色或白色)之一表示图像中的像素。位图模式下的图像被称为位映射一位图像,因为其位深度为 1,因此它所占用的磁盘空间最少。

(6) 灰度模式

灰度图像由 8 位像素的信息组成,并使用 256 级的灰色来模拟颜色的层次。在灰度模式中,每个像素都有一个 0(黑色)~255(白色)之间的灰度值。灰度值也可以用黑色油墨覆盖的百分比来度量(0% 等于白色,100% 等于黑色)。使用黑白或灰度扫描仪生成的图像通常以"灰度"模式显示。

尽管灰度是标准颜色模型,但是所表示的实际灰色范围仍因打印条件而异。在 Photoshop 中,"灰度"模式使用"颜色设置"对话框中指定的工作空间设置所定义的范围。

(7) 索引颜色模式

索引颜色模式采用一个颜色表存放并索引图像中的颜色。如果原图像中的一种颜色没有出现在查照表中,程序会选取已有颜色中最相近的颜色或使用已有颜色模拟该种颜色。它只支持单通道图像(8 位/像素),因此,通过限制调色板、索引颜色减小文件大小,可同时保持视觉上的品质不变——如用于多媒体动画的应用或网页。

(8) 多通道模式

多通道图像为 8 位/像素,用于特殊打印用途。多通道模式在每个通道中使用 256 灰度级,可以将一个以上通道合成的任何图像转换为多通道图像,原来的通道被转换为专色通道。在将彩色图像转换为多通道时,新的灰度信息基于每个通道中像素的颜色值,如将 CMYK 图像转换为多通道,可创建青、洋红、黄和黑 4 个专色通道;但是,"多通道"模式中的彩色复合图像是不可打印的,大多数输出文件格式不支持多通道模式图像。

(9) 双色调模式

双色调模式也是一种为打印而制定的色彩模式,主要用于输出适合专业印刷的图像,是 8 位/像素的灰度、单通道图像。在 Photoshop 中,可以创建单色调、双色调、三色调和四色调图像。单色调是用 1 种单一的、非黑色油墨打印的灰度图像;双色调、三色调和四色调是 2 两种、3 种和 4 种油墨打印的灰度图像。在这些类型的图像中,彩色油墨用于重现淡色的灰度而不是重现不同的颜色。

思考与实践

一、思考题

1. 如果要美化处理产品图片,一般可以从哪些方面入手?
2. 制作图片边框有哪些工具和方法?
3. 水印印章一般包含哪些内容,如何实现?
4. 要制作不同的图像颜色可以通过哪些方法实现?

二、实践训练

美化处理产品图片作业

任务概述

运用本任务所学知识与技能对产品图片进行相应的美化处理。

作业要求

1. 分别运用 Photoshop 和光影魔术手软件为图片制作边框,使之更为清晰突出。
2. 为产品图片制作水印印章。
3. 根据产品实际需要,分别用 3 种方法为产品图片制作不同的颜色。
4. 将原图和效果图上交教师。
5. 作业时间:80 分钟。
6. 作业总分:30 分。

任务实施评价

《美化处理产品图片作业》评价表如表 2-2 所示。

表 2-2 《美化处理产品图片作业》评价表

学生姓名:		总分:30 分		学生总得分:	
作业名称	美化处理产品图片作业				
作业子项	内容	子项分值	实际得分	评语	
	制作图片边框	10 分			
	制作水印印章	10 分			
	制作不同颜色	10 分			

任务3　修饰产品图片背景

任务概述

红花还需绿叶配,一张不错的产品图片如果被置于凌乱的背景之中,那就是令人遗憾的败笔。然而,我们在拍摄产品图片时受到拍摄空间等客观条件的限制,往往难以选择合适的拍摄背景。那么,拍摄好产品图片以后,能否通过软件后期处理把不满意的背景替换掉呢?本次任务就来学习这种技巧。

任务包括:替换产品图片背景、制作简洁图片背景、艺术合成产品图片。

任务情境

顾帆近期经常光顾某著名网络购物平台,了解别人是怎样在网上宣传自己的产品的。他发现有不少网店的同一件产品图片有不同的背景。比如一家户外用品网店的同一种规格的帐篷,有的是以大海为背景,有的是以丛林为背景,使客户直观感觉到他们的产品能在多种环境下使用。而顾帆拍摄产品图片的地点主要是室内或厂区,因此产品图片往往有的过于杂乱,有的过于单调,大大降低了产品的宣传效果。如果想更换图像背景,该如何用 Photoshop 软件进行改进?

任务 3.1　替换产品图片背景

任务描述

请从产品展示的角度分析如图 2-98 和图 2-99 所示的产品图片,指出它们各存在什么问题,应如何改进才能突出、优化产品主体。

图 2-98　台灯原图

图 2-99　毛巾原图

任务分析

图 2-98 中的背景过于灰暗单调,不能很好地突出产品主体——台灯的用途与特性,若能将主体添加到某个场景中,将会更好地突出台灯的功能与特点。

图 2-99 中的背景过于复杂,背景中的干扰物过多,造成产品主体——毛巾不突出,若能将图像背景替换成简洁明快的背景,毛巾将能更凸显出品质。

当图像背景不理想时,如背景单调或色彩不合理、过于杂乱而显得主体不太突出,可以设法去除图像的背景,保留或选取图像中的主体,然后将它们用于合成画面和制作特殊效果等图像处理方面。实际上去除图像背景画面的操作就是图像选区的创建,以及选区内图像的剪切、删除、复制等操作,关键是选用合适的工具创建选区。

任务实施

1. 使用魔术棒工具抠图

对于背景色彩单一的图像,我们可以利用"魔棒工具"选取背景。"魔棒工具"属于根据色彩范围建立选区的工具。具体操作步骤如下。

(1) 打开原图(图 2-98),选取工具箱中的"魔棒工具",然后单击背景,图中背景被选中,如图 2-100 所示。

(2) 双击背景图层解锁,在弹出的"新图层"对话框中直接单击"确定"按钮,再按 Delete 键删除背景,按 Ctrl+D 组合键取消选择,如图 2-101 所示。

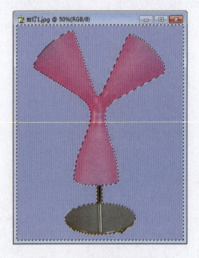

图 2-100　用魔术棒创建选区

图 2-101　删除背景

(3) 打开另一幅背景图,如图 2-102 所示,用"移动工具"将选中的主体移到新背景上,合成新的图像。如果画面上方空间不够,可通过"图像"|"画布大小"命令增加画布高度,向上延伸画布。

(4) 如果尺寸相互不匹配,可执行"编辑"|"自由变换"命令,适当调整台灯的尺寸,使之与背景图相协调。替换背景后的效果图如图 2-103 所示。

项目2　产品图片修复与美化

图 2-102　背景图

图 2-103　替换背景后的台灯

2. 使用抽出滤镜抠图

"抽出"滤镜命令可以方便地把图像从它的背景中分离出来,即使对象的边缘细微复杂到如毛发等无法确定的情况下,也能轻松地把图像抠出来。具体操作步骤如下。

(1) 打开原图(图 2-99),在"滤镜"菜单下选择"抽出"命令。

(2) 打开"抽出"对话框,选择"高边缘高光器工具"，描绘出要抽出的对象的边缘。描绘时,把标识边框一半留在背景上,一半留在要抽出的对象边缘上,如图 2-104 所示(注意绘制边缘高光显示,应当是一个封闭的环路)。

(3) 切换到"填充工具"，在图像中高光显示的区域内单击一下,如图 2-105 所示。

图 2-104　绘制要抽出的区域

图 2-105　填充描绘区域

(4) 如单击"填充工具"时,有颜色溢出,则说明对象边缘未被全部封闭,则应撤销后重新绘制。单击"预览"按钮查看"抽出"的结果,如图 2-106 所示。

(5) 抽出完成后,须进行修整。如有几处小的地方有漏选,按 Ctrl+J 组合键复制该图层,可以修正图片中约 90% 的漏选,然后按下 Ctrl+E 组合键合并这两个图层。

(6) 其余部分可选择"历史记录画笔工具"在漏选区域涂抹,则漏掉的部分又能恢复;而多余部分可用"橡皮擦工具"擦除。

图 2-106　抽出的图像

(7) 接下来需要准备一幅新的背景图。为了突出毛巾是竹纤维材质,我们寻找一幅与竹子有关并背景较清新的图片。

(8) 打开 PS 联盟(http://www.68ps.com/),在上方导航栏中单击"素材下载"按钮,再从中找到"背景素材"子目录,如图 2-107 所示。选择适当的背景图像并保存。

图 2-107　下载背景素材

(9) 打开下载的背景素材,如图 2-108 所示,使用"移动工具" 将主体拖曳到新背景上,并执行"编辑"|"自由变化"命令适当调整主体尺寸,使之与背景相协调,如图 2-109 所示。最终效果如图 2-110 所示。

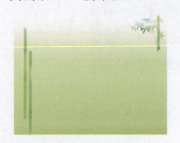  

　　图 2-108　打开素材图　　　　图 2-109　调整主体尺寸　　　　图 2-110　效果图

知识链接

1. 抠图

抠图就是通过对 Photoshop 中单一工具或组合工具的使用来制作选区,达到把需要的"对象"从图像背景中分离出来的一种图像处理方法。在图像处理中,抠图是非常重要的工作。抠图的目的是为以后的编辑处理图像做准备,选择的对象是否准确、彻底,是影响图像合成效果真实性最关键的要素之一。

抠图是不太容易掌握的技术,因为真实物体的边缘往往十分复杂,对制作选区的技术要求很高。抠图的诀窍在于要找出对象与背景之间的差异,再运用 Photoshop 的各种工具和命令来增强这种差异,使对象与背景的色调分离,进而选择对象。因此,分析图像是选择对象前首先要做的工作,只有准确地把握图像的特点,才能找到有效的选择方法。由于图像千差万别,对要选取的图像要求也不同,因此,抠图的方法也需要视具体情况而定。

2. 抠图主要工具

Photoshop 中的抠图工具和命令很多,其中选择工具组、"背景橡皮擦工具"、"魔术橡皮擦"、"色彩范围"命令都是比较简单的选择工具,而"抽出"滤镜、路径、快速蒙版、通道则是比较强大的选择功能。Photoshop 抠图工具一览表如表 2-3 所示。

表 2-3　Photoshop 抠图工具一览表

选区法	直接选取	选框工具、套索工具、魔术棒工具、橡皮擦工具、钢笔工具等
	间接(颜色)选取	蒙版、通道、色彩范围、混合颜色、色阶、图层模式、通道混合器等
滤镜法	PS 自带的"抽出"滤镜	
	外挂滤镜：KnockOut、MaskPro 等	

3. 魔棒工具

"魔棒工具"是基于图像中相邻像素的颜色近似程度来进行选择的。容差是影响"魔棒工具"性能最重要的选项,使用"魔棒工具"前要先设定工具选项栏中的"容差"。如图 2-111 所示,"容差"数值越大,"魔棒工具"选择范围也就越大;"容差"数值越小,选择的范围就越小。对于魔棒来说,多进行尝试是获得满意的选区的最佳办法,如果选择的范围过大,可以减小容差值;选择的范围过小,则增加容差值。另外,在容差设置不变的情况下,鼠标单击点的位置不同,选择的区域也不同。

图 2-111　"魔棒工具"属性

4. 色彩范围

"色彩范围"命令也是基于对图像色彩和色调的分析来建立选区的,在这一点上,它与"魔棒工具"有着很大的相似之处,但该命令提供了更多的相似之处,因此,具有更高的选择精度。如图 2-112 所示,拖住"颜色容差"滑块或输入一个数值可以调整被选择的颜色的范围,该值越高,包含的颜色范围越广。

5. "抽出"滤镜

"抽出"滤镜是用于选择毛发等复杂对象最好的武器。"抽出"滤镜的操作方法比较简单,如果毛发不是特别清晰,可以使用该滤镜快速选择。通道是专业的毛发抠图工具,它可以最大限度地保留对象的细节。"抽出"滤镜的功

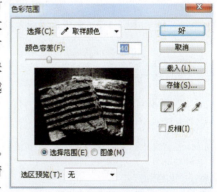

图 2-112　色彩范围对话框

能很强大,它对对象的要求也简单,只要其边缘与背景色之间存在一定的差异,即使对象内部的颜色与背景颜色非常接近,也可以获得比较满意的结果。

6. 替换背景

抠图完成后，还需要将分离出来的主体移动到新的背景图上，对于新的背景，可以在 Photoshop 中自行创作，也可以用收集来的现成的背景图像。

一般而言，白色背景最能凸显产品的品质，去掉杂乱的背景，产品看上去更专业。当然也可以使用其他的背景来映衬产品的特性。

对于替换新的背景，应把握以下原则：

（1）背景应符合产品特性，如质地柔软的产品应选用较柔和的背景等；
（2）背景是为突出产品服务的，不能喧宾夺主；
（3）背景与主体在色彩上应搭配和谐，避免使用相反的色调。

任务 3.2 制作简洁图片背景

任务描述

分析图 2-113 和图 2-114 中的产品图片，指出它们各存在什么问题。

图 2-113　牛仔裤原图

图 2-114　上衣原图

任务分析

当图像背景不理想时，如过于杂乱而显得主体不太突出，可以设法去除图像的背景，保留或选取图像中的主体，然后将它们用于合成画面和制作特殊效果等图像处理方面。实际上，去除图像背景画面的操作就是图像选区的创建以及选区内图像的剪切、删除、复制等操作。

任务实施

1. 使用"套索工具"抠图换背景

对于边缘比较简洁清晰，且主体与背景颜色相差比较大的图片，可以使用"磁性套索工具"抠图。具体操作步骤如下：

(1)打开需要抠图的图片(图 2-113)。

(2)选取工具箱中的"磁性套索工具",设置宽度,宽度用于设定检测范围,"磁性套索工具"将在这个范围内选取反差最大的边缘;数值越大,则要求边缘与背景的反差越大;频率参数用于设定标记关键点的速率,数值越大,标记速率越快,标记点越多。

(3)移动鼠标使鼠标指针沿着主体边缘环绕,如"磁性套索工具"无法精确识别选区边界,可按下 Delete 键,删除系统自动定义的节点。环绕一周后将形成选区,如图 2-115 所示。

(4)执行"选择"|"反选"命令,将背景选中,双击它使之解锁,再按 Delete 键,删除背景,然后按 Ctrl+D 组合键取消选择,如图 2-116 所示。如果发现细节处仍有残留,可将图像放大显示后用"橡皮擦工具"擦除。

图 2-115 用磁性套索建立选区

图 2-116 删除背景

(5)新建一文档,尺寸设置可参照原图像,保持尺寸不变,颜色模式为 RGB。

(6)选择"油漆桶工具",定义一个前景色,可以是白色或其他较淡雅的颜色,且背景色与产品主体要有明显的色彩差别。定义好后用"油漆桶工具"在背景上点击,背景就变成了刚才定义的颜色。

(7)用"移动工具"将选中的前景移到新背景上,构成新的图像。

此时我们看到图 2-117 主体突出,前后主体与背景对比明显。

2. 使用通道抠图换背景

对于主体轮廓较复杂,且前景与背景色反差较明显的图片,我们可以使用通道抠图。具体操作步骤如下。

图 2-117 替换背景后

(1)打开需要抠图的图片(图 2-114),这幅图背景杂乱不理想,主体不突出。

(2)经过分析,我们指定选用通道方案。打开通道面板,然后在通道面板上对各通道进行观察,看哪个通道中的背景和前景色色相反差更大。

(3）由于使用通道扣图，主要是通过图像背景和前景色的色相差别的明度差别来实现，而此图中我们发现，在通道面板中，如图 2-118、图 2-119 和图 2-120 所示，红通道和蓝通道都可以，而作为衣服与衣架的整体，红通道的反差更大一些，所以这里我们选择红通道为目标。

图 2-118　红通道

图 2-119　绿通道

图 2-120　蓝通道

（4）为了不破坏原图，我们将红通道进行复制，如图 2-121 所示。

（5）将图放到最大，这样容易操作。为了使图中主体和背景颜色亮度有更明显的区别，我们用曲线的方法来调整图片的亮度对比，如图 2-122 所示，这是用曲线调整过的图像。

（6）在通道里，白色代表有，黑色代表无，而我们要的主体这时却是黑色的，所以将图像反相即可，执行"图像"|"调整"|"反相"命令，如图 2-123 所示。

（7）此时，主体基本上已呈白色了，可仍有小部分不是白色，我们可以使用"橡皮擦工具"，为了避免操作失误，可以把图片放到最大，将背景色调成白色。

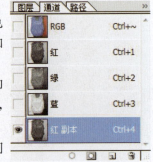

图 2-121　复制红通道

（8）主体部分擦好后，调整背景色为黑，将主体周围的背景擦黑。

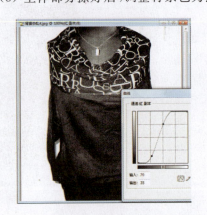

图 2-122　"曲线"命令

图 2-123　反相

（9）将白色的主体载入选区，回到图层面板，我们发现主体部分已被全部选取出来，如图 2-124 所示。

（10）此时，可更换新的背景，这次我们制作一个渐变色背景。新建一个文件，宽度和高度可参照图像原有尺寸,颜色模式为 RGB,背景色为白色。

(11) 选择"渐变工具",在属性栏中定义渐变色的样式、相应色标的颜色,定义完成后在背景区域拖出一个渐变色,如图 2-125 所示,可以横向、纵向或对角线。

渐变色的编辑方法是:单击"渐变编辑器"按钮打开对话框,在对话框的"预设"栏中可选择预设的几种渐变颜色,在颜色条下方单击可添加一个色标,并通过下方的"颜色"等选项设置该色标的颜色和位置等;在颜色条上拖动各色标可改变各色标在渐变条中的位置。

(12) 最后,使用"移动工具"将选区内的主体拖到新建的背景上,如图 2-126 所示。

图 2-124　载入选区

图 2-125　渐变色背景

图 2-126　替换背景

3. 使用快速蒙版抠图换背景

对于背景颜色复杂,且主体与背景颜色反差不明显的图片,可以使用快速蒙版抠图。具体操作步骤如下。

(1) 打开需要抠像的图片(图 2-127)。这幅图背景太杂乱,主体不突出,同时也降低了产品的档次。

(2) 双击工具箱下方的"以快速蒙版模式编辑"按钮,弹出"快速蒙版选项"对话框。在"色彩指示"中若选中"被蒙版区域"单选按钮,表示不显示色彩的部分作为选择区域;若选中"所选区域"单选按钮,则表示显示色彩的部分作为选择区域。其余设置默认,如图 2-128 所示。

图 2-127　鞋子原图

图 2-128　快速蒙版选项

(3)选择工具箱中的"画笔工具" ,根据图像大小设置画笔直径的大小,"不透明度"和"流量"都设置为100%,然后对主体图像进行涂抹,直到整个主体全部覆盖成红色为止,如图 2-129 所示。

(4)转换选区。双击工具箱左下方的"以标准模式编辑"按钮 ,这时涂抹区的红色消失,转变为选区,如图 2-130 所示。

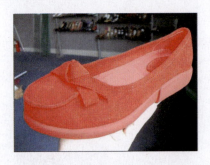
图 2-129　涂抹成蒙版区域的图像

图 2-130　切换回标准模式成选区

(5)新建一个文件,宽度为 300 像素,高度为 450 像素。使用"渐变工具" 拖出一个渐变色作为背景,如图 2-131 所示。

(6)使用"移动工具" 将选区内的主体拖到新建的背景上,替换背景后的效果如图 2-132 所示。

图 2-131　绘制渐变背景

图 2-132　替换背景效果

1. 套索抠图

当需要处理的图片与背景有颜色上的明显反差时,"磁性套索"(Magnetic Lasso)工具 非常好用。这种反差越明显,"磁性套索工具" 抠图就越精确。

图 2-133 中,如果想选取中间这个玻璃瓶,可以在 Photoshop 中选取工具箱中的"磁性套索工具" 。在图像中的瓶盖位置按下鼠标,在此之后就会有一条线条随之移动。沿着玻璃瓶的轮廓小心地移动鼠标,产生的套索会自动地附着到图像中玻璃瓶的周围,并且每隔一段距离会有一个方形的定位点产生——像这种轮廓分明的图像,套索的附着一般会非常精确。如果发现套索自作主张地偏离了玻璃瓶的轮廓,可以试着将它拉回来,并按一下鼠标左键手动产生一个定位点固定浮动的套索。最后,当套索环游玻璃瓶一周回到最初确定的那个定位点时,图像

中鼠标指针会有一点小小的变化——一个极小的圆圈会出现在鼠标指针附近。这时是按下鼠标左键闭合套索的最好时机了。一般这时会有一个选区产生,它恰好选中了图像中的玻璃瓶,如图 2-133 所示。

图 2-133　磁性套索抠图过程

双击工具箱中的 图标,我们将在属性面板中看到有关"套索工具" 的设置选项,灵活地驾驭它们可以帮助我们更精确地完成抠图。

Feather:该项用于设置边缘的羽化程度。

iAnti-aliased:选中它可以有效地去除锯齿状边缘。

Lasso Width:用于设定检测的范围,Photoshop 将以鼠标指针所在的点为标准,在设定的这个范围内查找反差最大的边缘。它可以取 1~40 Pixels(像素点)之间的整数值。

Frequency:定位点创建的频率,设定范围在 0~100 之间,数值越高,则标记的关键点越多。

Edge Contrast:"套索工具" 发现边缘的灵敏度,设定的数值越大,则对边缘与周围环境的反差要求越高。

2. 通道抠图

通道抠图也是在抠图中经常用到的方法。使用通道抠图,主要利用图像的色相差别或明度差别,配合不同的方法给图像建立选区。

在 Photoshop 中,通道分为颜色通道、专色通道和 Alpha 选区通道 3 种。简而言之,颜色通道是由图像中所有像素点的颜色信息组成的。所以,在 RGB 图像的通道面板中看到红、绿、蓝 3 个颜色通道和 1 个 RGB 的复合通道。在实际使用中,修改颜色通道会影响到原图的色调,因此通常不会修改颜色通道。专色通道用于存放专色信息,主要用于印刷时制作专色版。Alpha 选区通道用来存储选区以及对选区进行复杂变形,是通道中最常使用的功能。

在做图之前,我们首先应明白一个道理:一张 RGB 模式的图像,是以红、绿、蓝三原色的数值来表示的,而在通道中,一张 RGB 模式的图像,无非就是将图片的各个颜色以单色的形式分别显示在通道面板上,而且每种单色都将记录每一种颜色的不同亮度,即通道中只存在一种颜色(红、绿、蓝)的不同亮度,是一种灰度图像。在通道里,越亮说明此颜色的数值越高,正是因为这一特点,所以我们可以利用通道亮度的反差进行抠图,因为它是选择区域的映射。除此之外,还可以将做好的选区保存到通道上。

在通道里,白色代表有,黑色代表无,它是由黑、白、灰 3 种亮度来显示的;换而言之,如果我们想将图中某部分抠下来,即做选区,就在通道里将这一部分调整成白色。

3. 快速蒙版抠图

"快速蒙版模式" ▣ 可以将任何选区作为蒙版进行编辑,而无须使用"通道"调板,在查看图像时也可如此。将选区作为蒙版来编辑的优点是几乎可以使用任何 Photoshop 工具或滤镜修改蒙版。例如,如果用框工具创建了一个矩形选区,可以进入"快速蒙版模式" ▣ 并使用画笔扩展或收缩选区,也可以使用滤镜扭曲选区边缘,还可以使用选区工具,因为快速蒙版不是选区。从选中区域开始,使用"快速蒙版模式" ▣ 在该区域中添加或减去以创建蒙版;也可完全在"快速蒙版模式" ▣ 中创建蒙版。受保护区域和未受保护区域以不同颜色进行区分。当离开"快速蒙版模式" ▣ 时,未受保护区域成为选区。当在"快速蒙版模式" ▣ 中工作时,"通道"调板中出现一个临时快速蒙版通道;但是,所有的蒙版编辑是在图像窗口中完成的。最主要的作用是为了建立选区。

4. 使用更多方法建立选区

除了使用工具,Photoshop 还提供了一些相当实用的命令来辅助用户创建一些特殊形态的选区。

(1) 选择全部图像:要选择全部图像,可以选择"选择"|"全部"命令或按 Ctrl+A 组合键。

(2) 重新选择刚刚取消的选区:如果希望载入最后一次载入的选区,可以选择"选择"|"重新选择"命令或按 Ctrl+Shift+D 组合键。

(3) 反相选择:选择"选择"|"反相"命令,可以使选区选择当前选区内容以外的图像,即与原来的选择范围相反。

(4) 选框工具:对于边缘清晰、内容也无透明区域,且是基本几何形状的对象,可以使用选框工具和多边形套索工具选取。

任务 3.3　艺术合成产品图片

任务描述

任务1:某户外用品公司主要生产划艇等户外用品,图 2-134 是该公司为产品拍摄的照片,准备用于网络发布。请问:该照片拍摄的背景与产品是否协调?你觉得在怎样的背景中拍摄会更好?

任务2:某皮具公司展示的皮包图片如图 2-135 所示,你觉得只展示包的正面信息全面吗?应如何改进?

图 2-134　划艇

图 2-135　皮包

任务分析

产品艺术合成不仅包括单幅图片与新背景的合成,也包括多幅图片合成在一幅图中。艺术合成的主要目的是将产品置于特定的环境中,或全方位展示产品的整体与细节,更好地激发买家购买的欲望。

本任务是对前面几次任务中所学技术的综合应用,Photoshop 为用户提供了功能齐全的图层菜单和友好的图层操作面板,运用这些命令能使图像合成操作达到游刃有余和事半功倍的效果。本任务通过几个图像合成的典型实例,使读者对图层的运用有充分的认识和理解,并希望通过这些实例为读者进行图像合成创作带来更多的灵感。

任务实施

1. 单幅图像合成

(1)考虑到划艇是野外用品,为了突出它的用途,我们选用沙滩做背景,既直观又具有吸引力。我们选择的沙滩背景如图 2-136 所示。

(2)打开原图(图 2-134),分析运用何种抠图方法能将主体划艇选中。经比较后用"磁性套索工具" 、"快速蒙版工具" 或"抽出滤镜"均可实现。

(3)我们使用上述某一种方法将划艇选中,如图 2-137 所示。

图 2-136　沙滩背景图

图 2-137　建立选区

(4)打开新背景沙滩图,使用"移动工具" 将划艇选区移到沙滩图上,如图 2-138 所示。

图 2-138　移动选区至新背景

图 2-139　调整划艇尺寸

(5)此时划艇尺寸相对于背景显得过大,我们执行"编辑"|"自由变换"命令,调整划艇至合适尺寸,也可以根据需要调整划艇角度,如图 2-139 所示。

(6)此时的划艇还不能和沙滩背景很自然地融合在一起,如果能给划艇添加投影效果会更好。

(7)单击图层面板上的"添加图层样式"按钮,选择"投影"样式,如图 2-140 所示,弹出"图层样式"对话框,设置投影的颜色、角度、距离、扩展和大小等值,通过预览图中划艇的效果来设定以上参数值,如图 2-141 所示。

图 2-140　添加"投影"样式

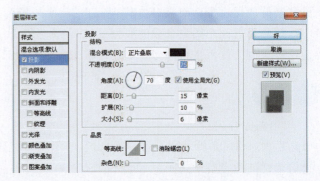

图 2-141　"投影"样式对话框

(8)最后合成的效果如图 2-142 所示。

2. 多幅图像合成

有时我们想展示某个产品全方位的概况,需要将多幅不同角度的产品图片合成在一幅图中,从而给客户从整体到细节的详细印象。例如,我们要展示一个如图 2-135 所示的包,不仅要展示包的正面、侧面等整体,还应展示包的皮质细节、拉链细节、内部细节等,这样的产品图片给人的感觉是相当专业的,这就需要将所拍摄的不同角度的若干幅产品图片进行艺术合成。

(1)打开 Photoshop 软件,新建一个文档,尺寸适当大一些,因为要容纳多幅图片,如图 2-143 所示。

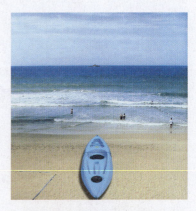

图 2-142　艺术合成效果图

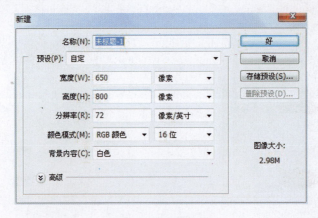

图 2-143　新建文件

(2) 为了更准确地定位，我们需要显示标尺，选择"视图"|"标尺"命令。在图层面板上新建图层1，此图层用来绘制辅助线定位图片，整体完成后再将此图层删除。

(3) 选择"直线工具" ，定义前景色，只需与背景色相区分即可，绘制如图2-144所示的辅助线。

(4) 分别打开包的正面图和侧面图，去除背景色，为了与画面更好地融合，用"移动工具" 将两幅图片分别拖到主画面中，如图2-145所示。

图2-144 打开标尺并绘制辅助线

图2-145 移入主素材

(5) 打开一幅细节图，如图2-146所示。选择"矩形选框工具" ，按住Shift键的同时在图像上绘制一个尽可能大的正方形选区。

(6) 执行"选择"|"修改"|"平滑"命令，如图2-147所示，在对话框中设置平滑半径15像素，并用"移动工具" 将选区拖动到主画面中，如图2-148所示。

图2-146 打开细节素材图

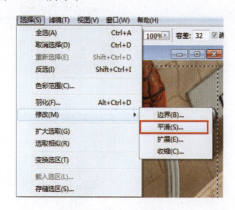

图2-147 平滑选区

111

（7）我们给细节图制作视窗效果，即二次描边。先执行"编辑"|"描边"命令，边框宽度 8 像素，白色；再单击图层面板上的"添加图层样式"按钮，选择"描边"样式，边框大小 2 像素，灰色。效果如图 2-149 所示。

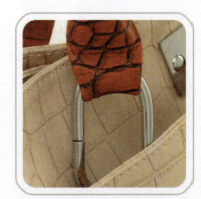

图 2-148　平滑后的细节图　　　　　　　　图 2-149　视窗效果

（8）同理，其他几幅细节图也如此处理。最后隐藏或删除辅助图层 1，艺术合成后的效果如图 2-150 所示。

图 2-150　艺术合成效果图

> 知识链接

1. 图像合成概述

图像合成是指将两张或两张以上不同类型图片中的图形进行拼合，使其美观又合理地拼合为一张图片或一个图形。无论是个人兴趣设计或商业宣传制作，对于设计者来说，图像合成都是一种不可或缺的基本手法，制作广告海报、插画、壁纸等平面设计作品都会用到合成的功能。在作品制作过程中，仅凭一个图形或一个元素，是远远不能达到其满意的最终效果的。要使画面中的图像更加丰富多彩，必须将各种所需不同类型的元素进行处理加工、合成，制作出现实中不能达到的特殊效果。合成并不是简单的拼凑，它需要运用各种素材，通过组织、处理、修饰、融合，得到新的设计作品，从而达到化腐朽为神奇或锦上添花的效果，因此需要较高的艺术修养和图像处理操作能力。

2. 图像合成的方法

在 Photoshop 中，常用的合成方法分为 3 种：利用工具合成、利用菜单命令合成、结合工具与菜单命令进行合成。利用这 3 种方法都能有效地将图像进行合成处理，使图形之间完美地结合在一起。

合成图像在各个设计领域中都有不同程度的运用。例如商业广告设计中图形与图形之间的拼合搭配尤其重要。在设计的过程中所收集的素材图片往往不能够达到想要的效果，此时便需要用图像合成的方法对图形进行合成处理，从而达到目的。

案例：

前期拍的摄素材如图 2-151 所示。注意，为了层次，天空并不是在同一天拍摄的。

图 2-151　用于合成的素材

后期合成处理非常细致精彩,将车的动感和气场表现得淋漓尽致,如图 2-152 所示。

图 2-152 最终合成效果

思考与实践

一、思考题

1. 常用的抠图方法有哪些?分别运用在什么情况下?
2. 在更换图像背景时应注意什么问题?
3. 对于边缘较精细的图像,应该用什么方法抠图?

二、实践训练

修饰产品图片背景作业

任务概述

1. 针对不同类型的产品图片,分别用不同的方法练习抠图,去除原有背景。

2. 翔顺工贸有限公司生产了一批新产品帐篷,客户要求发送产品图片;但这些帐篷产品图片是在公司厂区拍摄的,背景不太理想,可否创设一种浪漫休闲的海滩背景呢?图 2-153 经过抠图替换背景后变成如图 2-154 所示的海滩背景参考图。请运用恰当的抠图方法完成图 2-155 和图 2-156 背景的替换。

图 2-153 帐篷原图 1

图 2-154 替换背景后的参考效果图

图 2-155 帐篷原图 2

图 2-156 帐篷原图 3

作业要求

1. 抠图应干净、彻底、不留痕迹。
2. 背景图应能突出产品特性,切勿喧宾夺主。
3. 替换背景后的产品图片效果应优于原图。
4. 效果图上交教师。
5. 作业时间:80 分钟。
6. 作业总分:40 分。

任务实施评价

《修饰产品图片背景作业》评价表如表 2-3 所示。

表 2-3 《修饰产品图片背景作业》评价表

学生姓名:		总分:40 分		学生总得分:
作业名称	修饰产品图片背景作业			
作业子项	内容	子项分值	实际得分	评语
	选用恰当的方法抠图	5 分		
	抠图干净、彻底	20 分		
	选用合适的背景图	5 分		
	主体与新背景的合成	10 分		

任务4 制作产品图片特殊效果

任务概述

由于网络交易的特殊性,发布上网的产品图片只有视觉冲击力,才能激起客户的关注以及下一步的贸易活动。精致美观的产品图片可以为公司网站带来人气,可以让买家心情愉悦,怦然心动。从一张平凡的产品原始图到一张精致美观的产品展示图,需要有一个艺术处理的过程。本任务旨在使学生掌握产品图片艺术效果的应用范围、制作方法和注意要点,在尊重产品原貌的基础上美化产品,强化产品营销。

任务包括:图片局部效果增强、制作倒影效果、为产品添加装饰素材。

任务情境

顾帆在某知名网络购物平台搜索与自家同类的产品,发现了近千条同类产品。顾帆知道,要让自己家的产品在这么多同类产品中脱颖而出是一件不太容易的事情。网络上的潜在客户在搜索时也会遇到同样的情况,他们会在众多搜索结果中如何选择呢?

顾帆的昔日同窗是网上做生意的高手,他告诉顾帆,在同样条件下,具有艺术感染力的产品照片比普通的产品照片更能吸引买家眼球。为了使产品能赢得用户的青睐,须对现有的产品图片进行艺术处理。也许,对产品照片所做的小小艺术创作,就能为卖家带来一大笔订单。请帮顾帆发挥想象,可以用哪些艺术效果来突出、优化产品?

任务4.1 图片局部效果增强

任务描述

观察图2-157和图2-158,指出它们在主体与背景的处理上有哪些不足,应如何改进。

图 2-157 纸杯原图

图 2-158 手机原图

现在,越来越多的企业利用数码相机拍摄产品照片,但是大多数数码相机都是那种普通实用型的,是无法使用一些特殊镜头来拍摄出特殊效果的,比如说利用相机中的变焦镜头拍摄出景深效果等,这不能不说是一种遗憾。由此而造成背景过于纷繁杂乱或背景色彩过于复杂,从而削弱了照片中产品的主体地位。使用 Photoshop 的一些工具命令可模拟出变焦镜头拍摄的效果或使背景成为某种色调,从而使图片中产品部分得以增强而使其背景部分得以虚化,达到凸显产品主题的效果。

操作 1:制作模拟变焦效果

(1) 打开原图(图 2-157),由于图像中的主体不太容易选取,所以使用"快速蒙版工具"选中主体部分。

(2) 执行"图层"|"新建"|"通过拷贝的图层"命令,如图 2-159 所示,在"图层"面板中形成了"图层 1",如图 2-160 所示。

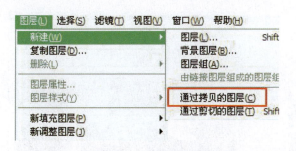

图 2-159 新建复制图层

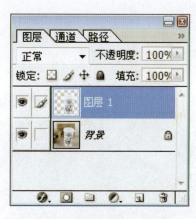

图 2-160 通过复制后的新图层

(3) 执行"选择"|"载入选区"命令,单击"确定"按钮进入"图层 1"的选区。

(4) 执行"选择"|"反选"命令,反选选区,单击"背景"图层,使主体以外的背景被选中,在选区上右击,在弹出的快捷菜单中选择"存储选区"命令,将选区存储为通道,通道中出现了 Alpha 1 通道。如图 2-161 所示。

(5) 按住 Ctrl 键的同时单击 Alpha 1 通道,使之形成选区。

(6) 回到"图层"面板,选中"背景"图层,执行"滤镜"|"模糊"|"镜头模糊"命令,在弹出的对话框的"深度映射"选项区域中的"源"下拉列表中选择"Alpha 1",将模糊范围控制在 Alpha 通道的有效区域内,这时我们看到只有背景变模糊了,而主体杯子没受影响,如图 2-162 所示。

图 2-161 Alpha 1 通道

（7）模拟变焦后的效果如图 2-163 所示，背景已被模糊虚化，主体杯子被突出了。

图 2-162 "镜头模糊"对话框

图 2-163 模拟变焦后的纸杯

操作 2：制作局部彩色

（1）打开原图（图 2-158），执行"图像"|"调整"|"去色"命令，将图像变为黑白图，如图2-164 所示。

（2）执行"图像"|"调整"|"变化"命令，如图 2-165 所示，在"变化"对话框中选择一种色调，作为背景的底色，如图 2-166 所示。

图 2-164 去色后

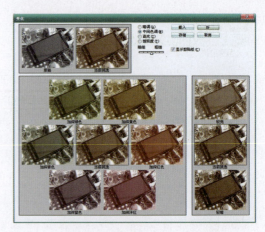

图 2-165 "变化"对话框

（3）在工具箱中选择"历史画笔工具" ，在选项栏上的"画笔"选取器中选择柔角笔刷，并设置画笔大小。

（4）在图像中需要保留颜色的区域（产品主体部分）进行描绘，细节部分可按需要缩小画笔的尺寸，并结合缩放工具，以便能够看清绘图区域的边缘，直到整个产品都显示出彩色为止。最终效果如图 2-167 所示。

图 2-166　执行"变化"后　　　　　　　　　图 2-167　局部彩色后的效果

知识链接

1. 模拟变焦

这种技术是运用 Photoshop 有关工具和命令对前期拍摄的图像进行模拟变焦处理,以此来达到突出主体的目的。模糊滤镜主要通过削弱相邻间像素的对比度,使相邻像素间过渡平滑,从而产生边缘柔和、模糊的特殊效果。"镜头模糊"滤镜可以模拟典型的摄影技巧来创建景深效果。在使用该滤镜时,可以通过 Alpha 通道限定模糊范围,并控制模糊效果的强度。

2. 局部彩色效果

这种技术是保留图像中主体的颜色,而使图像其他部分变为单色或黑白,以把人们的注意力集中在主体上。这种技术在商业广告中很受欢迎,因为厂商能用艺术的方式把消费者的注意力吸引到他们的产品上。有多种方法可实现局部色彩效果。

任务 4.2　制作倒影效果

任务描述

我们经常看到一些产品的图像的倒影效果非常别致,类似于图 2-168 中的效果,可以体现产品的华丽富贵。试分析有哪些途径可以实现这样的倒影效果。

图 2-168　倒影效果

任务分析

当然,我们通过玻璃台面是可以拍摄出倒影效果的。但是,我们知道在玻璃台面上拍摄物体,极易产生镜面反射,从而影响拍摄效果。

其实,这样逼真的倒影效果并非一定得在拍摄时借助有反光功能的道具,我们运用 Photoshop 的有关工具和命令同样可以制作出来。

任务实施

操作:制作倒影效果

可参考的操作步骤如下。

(1)新建一个大小适当的文档,用"油漆桶工具"或"渐变工具"填充一个背景色,如图 2-169 所示。

(2)打开图 2-170 所示的素材拖入文档,用"魔术棒工具"去除素材的背景色,使之与背景能较好地融合,如图 2-170 所示。

图 2-169 新建文档并填充背景

图 2-170 导入素材

(3)按 Ctrl+J 组合键复制图层,在副本图层上执行"编辑"|"变换"|"垂直翻转",将翻转的图层拖至下方,如图 2-171 所示。

(4)在"图层"面板上为翻转的图层添加"图层蒙版",选中"渐变工具",选择"线性渐变",并定义渐变色为从灰到黑渐变。在图层蒙版上拖出渐变,并适当缩小倒影的高度,如图 2-172 所示。

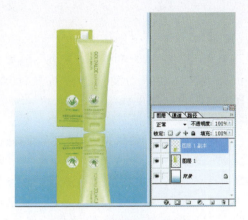　　　　　　　　　　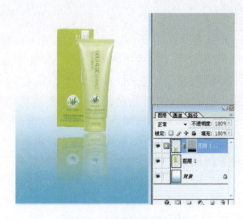

图 2-171　复制并翻转素材　　　　　　　图 2-172　添加图层蒙版

（5）倒影制作完成，如图 2-173 所示。

图 2-173　倒影制作完成

此种方法适合大多数单一的平面物体。

知识链接

1. 蒙版概述

蒙版实质上是一个独立的灰度图，绘图工具、编辑工具、滤镜等工具都可以编辑蒙版。蒙版可以用来隔离和保护图像的区域，当对图像的其余区域进行颜色变化、使用滤镜和进行其他效果处理时，被蒙版蒙住的区域不会发生改变。同时，也可以只对蒙版蒙住的区域进行处理，而不改变图像的其他部分。使用蒙版还可以通过 Alpha 通道的形式存储和重复使用复杂部分。

在 Photoshop 中主要有图层蒙版、快速蒙版、剪贴蒙版和通道蒙版 4 种形式的蒙版，各种蒙版的使用方法和作用各不相同。利用图层蒙版可以制作出透明、半透明效果；快速蒙版常用于精确定义选区；使用剪贴蒙版可以利用上下图层创建出剪贴效果；使用通道蒙版可以存储或载入选区。

2. 图层蒙版

图层蒙版可以理解为在当前图层上面覆盖一层玻璃片,这种玻璃片有透明的、半透明的、完全不透明的。然后用各种绘图工具在蒙版上(玻璃片上)涂色(只能涂黑、白、灰色),涂黑色的地方蒙版变为不透明,看不见当前图层的图像;涂白色则使涂色部分变为透明,可看到当前图层上的图像;涂灰色使蒙版变为半透明,透明的程度由涂色的灰度深浅决定,是Photoshop中一项十分重要的功能。基于以上原理,我们便可以用图层蒙版来指定图像中哪些区域是透明的,或者调整其透明程度。当我们在蒙版中涂抹白色时,可以显示图像内容;用黑色涂抹时,会隐藏图像;用灰色涂抹时,会使图像呈现半透明效果。

图层蒙版是一种特殊的选区,但它的目的并不是对选区进行操作,而是要保护选区不被操作;同时,不处于蒙版范围的地方则可以进行编辑与处理。蒙版虽然是种选区,但它与常规的选区颇为不同。常规的选区表现了一种操作趋向,即将对所选区域进行处理;而蒙版却相反,它是对所选区域进行保护,让其免于操作,而对非掩盖的地方应用操作。其实可以这样说,Photoshop中的图层蒙版只能用黑白色及其中间的过渡色(灰色)。在蒙版中的黑色就是蒙住当前图层的内容,显示当前图层下面的层的内容来;蒙版中的白色则是显示当前层的内容;蒙版中的灰色则是半透明状,前图层下面的层的内容则若隐若现。

任务4.3 为产品添加装饰素材

任务描述

观察图2-174和图2-175中的两个杯子,在产品艺术表现力上,请分析有哪些方面应该改进,分别如何实现?

图2-174 杯子原图1

图2-175 杯子原图2

任务实施

图2-174中的杯子整体较完整,但从画面的氛围考虑,可以适当增添一些修饰元素;图2-175中的杯子过于单调,可以在杯壁上适当增添一些花纹图案,把图案"印刷"到杯子上,其本质是将一张图案叠加到原图上,并且调整其透明度。在这个任务中,用到的图像部分选取和图

层的知识在前面都已经讲过。通过巧妙整合 Photoshop 的很多基本应用技能可以获得令人耳目一新的效果。

任务实施

操作 1：用艺术笔刷修饰产品

（1）打开 PS 联盟网站中的笔刷下载专区（http://www.68ps.com/gongju），浏览其中的各类笔刷，选择适合本产品的艺术笔刷并下载，具体操作方法可参考"知识链接"。

（2）打开 Photoshop 软件，在画笔属性框中载入刚才下载的笔刷。

（3）打开产品原图（图 2-174），在"背景"图层上新建一个图层，用来描绘笔刷，如图 2-176 所示。

（4）选择"画笔工具"选项，选中载入的画笔形状，根据图像尺寸调整好笔刷大小，如图 2-177 所示，并定义好前景色。

图 2-176　新建图层

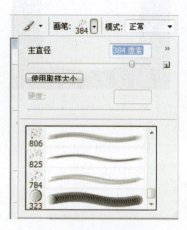

图 2-177　定义笔刷

（5）在产品图片恰当之处单击，艺术笔刷就印在画面上了，效果如图 2-178 所示。由于添加了水珠效果笔刷，画面看上去要比原图更生动形象，平添了一份夏日清凉的感觉。

图 2-178　添加艺术笔刷后的效果

操作 2：为单色物体添加花纹图案

可参考的操作步骤如下。

（1）打开 Photoshop 软件，打开产品原图（图 2-175）。

（2）进入通道，选择"磁性套索工具" ，把产品中需要添加图案的部分勾画出来，形成一个选区，右击，存储选区为"通道"，如图 2-179 所示。

（3）选择通道的 Alpha 1，单击图层回到"图层"面板，复制背景图层，并单击"添加矢量蒙板"按钮，如图 2-180 所示。

图 2-179　Alpha 1 通道

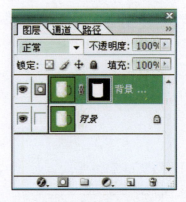

图 2-180　添加矢量蒙板

（4）打开另一张图案图片，如图 2-181 所示。用"裁切工具" 裁掉图像周围的边线，用"移动工具" 拖动到产品图片上，调整合适的透明度，调整图片大小，使之尺寸比产品稍大，如图 2-182 所示。

图 2-181　花纹图案

图 2-182　调整大小和透明度

（5）选择通道中的 Alpha 1，选择"选择"|"载入选区"命令载入选区，回到图层面板，单击"图层 1"，反选，按 Delete 键删除产品以外的部分，按 Ctrl＋D 组合键取消选择，并恢复不透明度为 100％。

（6）选中"图层 1"，选择混合模式为"正片叠底"，选择"图像"|"调整"|"色阶"命令，适当调整色阶。把背景副本放到图层 1 上面，选中背景副本，选择混合模式为"柔光"，如图 2-183 所示。

（7）选择"图像"|"调整"|"色阶"命令，适当调整色阶。最终效果如图 2-184 所示。

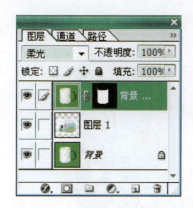

图 2-183　调整图层属性

图 2-184　添加印花图案后的效果

> 知识链接

1. 印花效果

这种技术是运用通道将图案覆盖到单色区域上，制作出各种花纹效果，使原来单调的区域变得五彩纷呈。如图 2-185 所示为一个浅蓝色花纹的锦盒，如果需要改成如图 2-186 所示的红绸缎材质，可以利用相关抠图技术将盒子外部选中，然后再将红绸缎素材叠加到选区上，再将图层模式改成"正片叠底"就可以实现如图 2-187 所示的红绸缎锦盒效果。

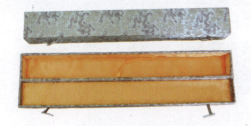

图 2-185　原图

图 2-186　红绸缎素材

图 2-187　替换后的效果

2. 艺术笔刷的运用

运用 Photoshop 笔刷工具可以制作个性化的精彩纷呈的效果，使图像更富艺术感染力。图 2-188 为艺术笔刷的涂鸦效果。

图 2-188 笔刷效果

(1) 笔刷的下载与安装

打开笔刷下载地址(http://www.68ps.com/gongju),如图 2-189 所示,找到合适的笔刷后可以免费点击下载,如图 2-190 所示。

图 2-189 PS 联盟首页

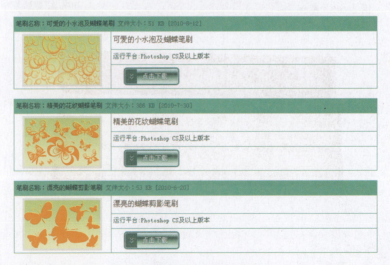

图 2-190 下载笔刷

笔刷安装方法：

① 下载后解压缩到拟保存的路径，笔刷文件格式为"＊.abr"；

② 打开 Photoshop，选择画笔工具，在画笔属性栏中选择"载入画笔"命令，将笔刷文件载入（从保存的路径中载入）；

③ 从画笔窗口的最下方即可找到刚载入的画笔，如图 2-191 所示。

（2）笔刷的使用

笔刷的使用方法与一般画笔相同。

3. 自定义形状的使用

（1）自定义形状的下载与安装

自定义形状下载地址：http：//www.68ps.com/gongju/xingzhuang.asp。

自定义形状安装方法：

① 下载后解压缩到拟保存的路径，自定义形状文件格式为"＊.csh"；

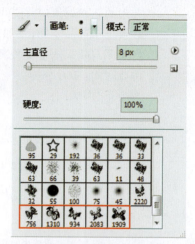

图 2-191　新载入的画笔

② 打开 Photoshop，选择"自定义形状工具"，在自定义形状属性栏中选择"载入形状"命令，将形状文件载入（从保存的路径中载入）；

③ 从形状窗口的最下方即可找到刚载入的形状。

（2）自定义形状的使用

自定义形状的使用方法与一般画笔相同。

本任务主要练习了产品图片处理中可以用到的艺术效果，包括模拟变焦效果、局部彩色效果、印花效果等。当然，创意无限，我们可以根据所学的 Photoshop 技巧大胆发挥想象，举一反三，制作出精彩纷呈的艺术效果，提高产品的艺术感染力。

主要用到的工具和命令如下。

模拟变焦效果：选取工具、"滤镜"|"模糊"|"高斯模糊"命令。

局部彩色效果："图像"|"调整"|"去色"命令、历史画笔工具。

印花效果：通道、矢量蒙板。

思考与实践

一、思考题

1. 为了突出产品主体，通常可以使用哪些艺术效果？

2. 为产品图片添加艺术效果应注意什么？

3. 艺术笔刷的主要用途有哪些？

二、实践训练

制作产品图片特殊效果作业

任务概述

发挥想象，大胆创意，结合产品的特性，为产品图片创作 3 种以上艺术效果，突出产品的特性。

作业要求

1. 选用的艺术效果应具有可行性与可操作性。
2. 必须忠于产品实物,添加艺术效果后不能改变产品本来的面目。
3. 将原图与效果图上交教师。
4. 作业时间:100 分钟。
5. 作业总分:40 分。

任务实施评价

《制作产品图片特殊效果业》评价表如表 2-4 所示。

表 2-4 《制作产品图片特殊效果作业》评价表

学生姓名:		总分:40 分		学生总得分:
作业名称	制作产品图片特殊效果作业			
作业子项	内　容	子项分值	实际得分	评　语
	作品的技术操作难度	15 分		
	作品的艺术感染力	15 分		
	制作前后的对比效果	10 分		

本项目小结

本项目介绍了运用图像处理软件对产品图片后期修正美化的主要技巧,包括校正修复产品图片、美化处理产品图片、修饰产品图片背景以及制作产品图片特殊效果等,使同学们能运用 Photoshop 软件对存在缺陷的产品图片进行后期修正与效果优化,从而使产品图片更加清晰、美观。

本项目布置了 4 个作业任务:校正修复产品图片、美化处理产品图片、修饰产品图片背景以及制作产品图片特殊效果等。希望同学们在完成这些作业训练后,可以根据实际需要运用图像处理软件对产品图片进行修正美化。

项目3
产品文本编辑与处理

教 学 目 标

◆ **能力目标**

能针对收集到的产品文本信息进行编辑和加工处理,为产品添加说明描述、广告语,并进行文字艺术设计,制作产品描述图,突出、优化产品特征。

◆ **知识目标**

掌握产品描述的撰写要点与方法;学会广告语的创作技巧;学会运用 Photoshop 软件制作艺术文字的方法;学会产品描述图的制作技巧和方法。

◆ **情感目标**

理解产品文本处理对于产品展示的重要性;培养学生的团队协作精神;培养艺术审美情趣;培养在工作中吃苦耐劳和精益求精的工作态度。

↘ 任务1　制作产品文字效果

↘ 任务2　编辑产品描述

任务1　制作产品文字效果

任务概述

好酒也怕巷子深,做生意就得会吆喝。精心制作的产品图片配上恰到好处的文字宣传,可以起到画龙点睛的作用。优秀的产品文字宣传应在组织语言和文字的艺术效果方面加以锤炼。在这个任务中,我们学习产品描述文字的类型和功能,掌握几种常见的文字艺术处理方法。

任务包括:认识产品宣传文字、制作文字艺术效果。

任务情境

顾帆在获取一批新产品的数码图片后,发现仅仅用图片无法展示产品的全面信息。为了公司能在广交会上获得良好的宣传效果,他决心在广告宣传文字上精心锤炼。顾帆以往见过各种类型产品的宣传资料,他总结出产品的宣传文字一般要在宣传内容(文本所表达的信息)和文字艺术效果两方面适应不同类型的产品。为了使客户更全面深入地了解产品,使品牌形象具有视觉个性和吸引力,需要在产品图片上附上相关的说明描述或广告语,并对文字进行形象设计,那么顾帆该如何实现呢?

任务1.1　认识产品宣传文字

任务描述

海力针织制衣有限公司(简称海力公司)是在改革开放后迅速崛起于长三角的一家大型民营企业。图3-1是海力公司发布在网络上的产品描述信息。请基于图3-1思考以下问题。

图3-1中海力公司在用文字进行产品宣传方面有哪些特色?海力公司在组织语言上用了哪些方式?在文字美化上又用了哪些技术和艺术手段?通过研究海力公司的产品文字描述,你认为产品文字描述语言可以分哪几种类型?

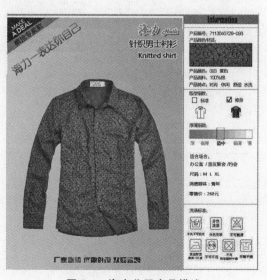

图3-1　海力公司产品描述

产品宣传中的文字是向客户传达产品信息的最直接途径和手段,并起到宣传美化产品的作用。根据文字在产品宣传中的功能作用,可将有关产品宣传的文字分为3个部分:品牌形象文字、广告宣传性文字和功能说明性文字。不同类型的产品,其功能性说明文字的写法有所不同,广告宣传性文字的风格也不尽相同,所以应根据产品的类型和特性来撰写功能说明和广告语;同时,为了突出产品的特性,可以制作不同风格的特效字体。

1. 阅读海力公司对针织男士衬衫的宣传文字,与同学讨论这些宣传文字在描述语言上分为哪几类,它们各具有什么功能。
2. 将讨论的结果记录在表 3-1 中。

表 3-1 产品文字描述分析表

产品文字类别	摘录举例
举例:说明产品品牌形象的文字:	品牌:海力 海力——表达你自己
说明产品技术参数的文字:	
说明产品外观特征的文字:	
说明产品适用范围的文字:	
说明产品售价、营销方式的文字:	
其他	

3. 针对图 3-2 讨论:海力公司产品宣传文字应用了哪些艺术美化手段?

图 3-2 海力公司产品文字类型

文字1:_____
文字2:_____
文字3:_____

4. 产品说明文字写作

选择某公司的一个系列产品,根据其产品类型与特性,为之撰写功能性说明文字,要求客观真实、突出产品的功能特性。

5. 产品广告语创作

针对某公司产品的类型与特性,创作恰当的广告语,以达到宣传产品的目的,要求新颖独到、简短有力。

1. 品牌形象文字

品牌形象文字包括品牌名称、产品名称、企业标识名称和厂名。这些文字是代表产品品牌形象的文字,通常要求精心设计、具有个性,并且要安排在产品的醒目位置。

2. 功能说明性文字

功能说明性文字是对产品内容做出细致说明的文字,并且受相关的行业标准和规定约束,具有强制性。功能说明性文字的内容主要包括产品规格、型号、成分、功效、用途、质量、体积、生产厂家信息以及保养方法和注意事项等。功能说明性文字通常采用可读性强的印刷字体,安排在产品的次要位置,如图 3-3 所示。

图 3-3　产品功能描述

3. 广告宣传性文字

广告宣传性文字即产品广告语,是宣传产品特色的推销性文字,通常根据产品销售宣传策划灵活运用,其内容应诚实、简洁、生动,并遵守相关的行业法规。广告宣传性文字一般也被安排在产品的主要位置,但视觉表现力度不应超过品牌形象文字,以免喧宾夺主。产品广告语的写作要领如下:新颖独到,与众不同;简短有力,好读易记;单一明确,正面宣传;形象鲜明,号召力强(图 3-4)。

图 3-4　产品广告语

任务 1.2　制作文字艺术效果

任务描述

海力公司的产品宣传文字进行了艺术化处理,这些艺术效果可以通过 Photoshop 有关工具和命令再结合一定的艺术字体来实现。本任务中我们尝试运用 Photoshop 软件制作一定的文字艺术效果,并围绕一产品制作产品描述图。

任务分析

富有创意、言简意赅的产品文字描述如果仅仅以白纸黑字的方式呈现在客户面前,那么它的可读性和吸引力无疑会大大降低。因此对宣传文字进行艺术处理是很有必要的。本次任务先学习从网络下载并安装字体,然后依次练习描边文字、投影文字、变色文字、投影文字等特效的制作。

任务实施

1. 艺术字体下载与安装

登录相关字体下载网站,如:字体量贩(http://www.font5.com.cn),从中选择合适的字体文件,单击下载并保存到本地计算机上。将字体压缩文件解压缩后保存到 C:\WINDOWS\Fonts 目录下。

2. 描边文字制作

(1) 打开要添加文字的图片,在适当位置用横排或竖排文本工具输入文字,设置字体、字号和颜色,同时兼顾文字与图片背景的搭配。

(2) 对文字图层添加"描边"样式,设置大小、不透明度、颜色等相应参数,如图 3-5 所示。描边文字效果如图 3-6 所示。

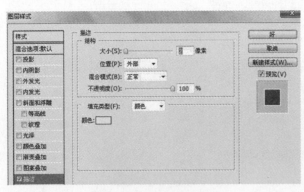

图 3-5　"描边"选项区域　　　　　　　　图 3-6　描边文字效果

3. 投影文字制作

（1）打开要添加文字的图片，在适当位置用文本工具输入文字，设置字体、字号和颜色，同时兼顾文字与图片背景的搭配。

（2）对文字图层添加"投影"样式，设置相应参数，如图 3-7 所示。投影文字效果如图 3-8 所示。

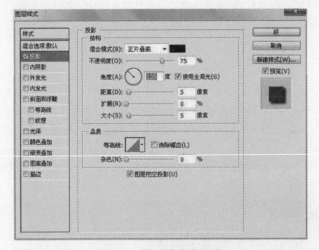

图 3-7　"投影"选项区域

图 3-8　投影文字效果

4. 变色文字制作

（1）打开要添加文字的图片。新建图层 1，用"横排文字蒙版工具" 输入文字，设置恰当的字体和字号（建议使用笔画较粗的字体）。输完后按 Enter 键使文字变为选区，如图 3-9 所示。

（2）选择"渐变工具" ，定义渐变色。在选区上拖出渐变色，制作好的变色文字效果如图 3-10 所示。

图 3-9　文字蒙版

图 3-10　变色文字效果

5. 图案文字制作

（1）打开要添加文字的图片。

（2）用文字工具分别输入两个文字，形成两个单独的文字层（建议用笔画较粗的字体），分别自由变换放大，并移动到合适的位置。

（3）选择一张素材图片，用"移动工具" 拖曳到当前的文件上，形成一个新图层。

（4）在素材图片层上按 Ctrl＋J 组合键快速复制素材图层副本，然后分别把素材图层和副本图层移动到相应的文字层上，按 Ctrl＋G 组合键分别编组，如图 3-11 所示。拖动素材图层可调整图案，还可以对文字添加描边样式，使之更醒目，效果如图 3-12 所示。

更多文字效果制作可参见 http：//www.68ps.com/jc/ps_wz.asp。

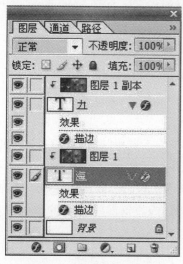

图 3-11　图案和文字编组

图 3-12　图案文字效果

6. 制作产品描述图

（1）打开需要制作描述的产品图片，如图 3-13 所示。

图 3-13　打开素材图

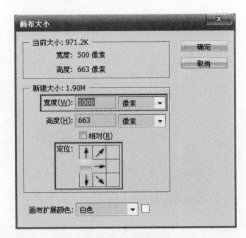

图 3-14　拓展画布

（2）若图片上留有足够空白，可直接在空白处制作；若无足够空白，可拓展画布。以向右拓展画布为例，应适当增加画布宽度，并向右定位，参考设置如图 3-14 所示，拓展画布后的效果如图 3-15 所示。

（3）在拓展后的画布上方分别制作产品的品牌形象文字，如品牌名称、产品名称等信息，在制作时分别运用一定的艺术文字效果。参考效果如图 3-16 所示。

图 3-15　拓展后的画布

图 3-16　制作品牌形象文字

（4）按 Ctrl+J 组合键新建一图层，在拓展画布的中下方区域用"圆角矩形工具"绘制一个矩形，填充颜色，并设置图层不透明度为 50% 左右，如图 3-17 所示。

（5）在矩形区域上用"文字工具"输入产品的详细描述和广告语，并进行适当排版，设置合适的字体、字号和行间距，并对文字进行适当的艺术处理，参考效果如图 3-18 所示。

图3-17 绘制矩形区域

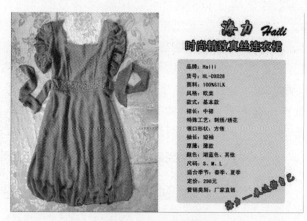

图3-18 产品描述图

需要注意的是：除了产品的Logo和其他特殊需要外，产品说明文字部分忌用过于复杂的字体。广告设计中常用字体是Arial和黑体。

知识链接

1. 文字的设计风格

信息传播是文字设计的一大功能，也是最基本的功能。文字设计重要的一点在于要符合表述主题的要求，要与其内容吻合，不能相互脱离，更不能相互冲突，破坏了文字的诉求效果。尤其在产品描述的文字设计上，更应该注意，任何一条标题、一个字体标志、一个产品品牌都有其自身内涵，将它正确无误地传达给消费者，是文字设计的目的，否则将失去它的功能。抽象的笔画通过设计后所形成的文字形式往往具有明确的倾向，这一文字的形式感应与传达内容是一致的。如生产女性用品的企业，其描述的文字必须具有柔美秀丽的风采，手工艺品描述文字则多采用不同感觉的手写文字、书法等，以体现手工艺品的艺术风格和情趣。

根据文字字体的特性和使用类型，文字的设计风格大约可分为下列几种。

（1）秀丽柔美。字体优美清新，线条流畅，给人以华丽柔美之感，此种类型的字体，适用于女用化妆品、饰品、日常生活用品、服务业等主题。

（2）稳重挺拔。字体造型规整，富于力度，给人以简洁爽朗的现代感，有较强的视觉冲击力，这种个性的字体，适合于机械、科技等主题。

（3）活泼有趣。字体造型生动活泼，有鲜明的节奏韵律感，色彩丰富明快，给人以生机盎然的感受。这种个性的字体适用于儿童用品、运动休闲、时尚产品等主题。

（4）苍劲古朴。字体朴素无华，饱含古时之风韵，能带给人们一种怀旧感觉，这种个性的字体适用于传统产品、民间艺术品等主题。

2. 文字的可识性

文字的主要功能是在视觉传达中向消费大众传达信息,而要达到此目的必须考虑文字的整体诉求效果,给人以清晰的视觉印象,如图3-19所示。无论字形多么富于美感,如果失去了文字的可识性,这一设计无疑就是失败的。文字至今约定俗成,形成共识,是因为它形态的固化,因此在设计时要避免繁杂零乱,应减去不必要的装饰变化,使人易认、易懂,不能忘记了文字设计的根本目的是为了更好、更有效地传达信息、表达内容和构想意念。字体的字形和结构也必须清晰,不能随意变动字形结构、增减笔画,使人难以辨认。如果在设计中不遵守这一准则,而单纯追求视觉效果,则必定失去文字的基本功能。所以在进行文字设计时,不管如何发挥,都应以易于识别为宗旨,这也是对字形做较大的变化常常应用于少字数的原因。

图3-19　使用可读性强的文字

3. 文字在画面中的位置

文字在画面中的安排要考虑到全局的因素,不能有视觉上的冲突,否则在画面上主次不分,很容易引起视觉顺序的混乱,而且作品的整个含义和气氛都可能会被破坏,这是一个很微妙的问题,需要去体会。细节的地方也一定要注意,1个像素的差距有时候会改变整个作品的味道。安排好文字和图形之间的交叉错合,既不能影响图形的观看,也不能影响文字的阅览,如图3-20所示。文字一定不要全部都顶着画面的边角和边线,这样看起来很不专业。

图3-20　图文混排应合理

4. 文字的视觉美感

文字在视觉传达中,作为画面的形象要素之一,具有传达感情的功能,因而它必须具有视觉上的美感,能够给人以美的感受。字形设计良好,组合巧妙的文字能使人感到愉快,留下美好的印象,从而获得良好的心理反应;反之,则使人看后心里不愉快,视觉上难以产生美感,甚至会让观众拒而不看,这样势必难以传达出作者想表现出的意图和构想。在字间距问题上,大的字之间会比较松散,此时应适当缩小字间距;而对于小的字,字间距会过于狭窄,此时应适当扩大字间距。同理,在段落文字的处理上,小字体段落之间应适当扩大行间距;而对于大字体,则应适当缩小行间距,如图3-21所示。

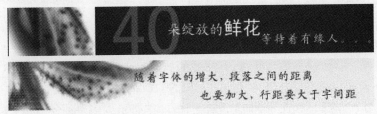

图3-21　字形设计应美观

5. 文字设计的个性

根据作品主题的要求,突出文字设计的个性色彩,创造与众不同、独具特色的字体,给人以别开生面的视觉感受,有利于作者设计意图的表现。设计时,应从字的形态特征与组合上进行探求,不断修改,反复琢磨,这样才能创造出富有个性的文字,使其外部形态和设计格调都能唤起人们的审美愉悦感受。例如,对文字的大小、间距、透明度做些调整,就会是完全不同的效果了,如图3-22所示。

图3-22 个性化的文字设计

根据画面或作品的要求,可以使用一些图形化的文字。所谓"文字图形化",即将文字笔画做合理的变形搭配,使之产生类似有机或无机图形的趣味,强调字体本身的结构美和笔画美。也许只是一点小改动,对文字的笔画做特殊的加工处理往往会产生一些意想不到的效果,如图3-23所示。

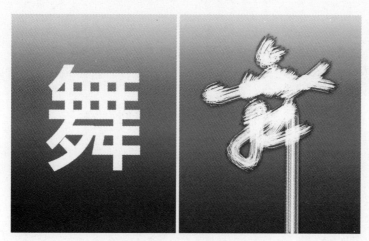

图3-23 文字图形化

一、思考题

1. 产品说明描述一般包括哪些内容?
2. 成功的广告语应该注意哪些方面?
3. 常见的艺术文字样式有哪些?
4. 在图文混排时应注意哪些问题?

二、实践训练

产品宣传文字设计与制作作业

作业概述

图3-24是海力公司生产的一种服装产品信息,请根据上述资料,结合本任务所学习的知识为该产品设计产品描述图,并制作一定的文字艺术效果。

图 3-24　产品信息

作业要求

1. 描述图中应包括产品名称、企业名称、产品描述和广告语等内容。
2. 描述图整体布局合理，色调统一鲜明，符合产品特性。
3. 产品描述应做到真实、规范和翔实。
4. 文字制作中应充分运用本任务所学的艺术文字样式。
5. 上交产品描述图。
6. 作业时间：100 分钟。
7. 作业总分：40 分。

任务实施评价

《产品宣传文字设计与制作作业》评价表如表 3-2 所示。

表 3-2　《产品宣传文字设计与制作作业》评价表

学生姓名：		总分：40 分		学生总得分：
作业名称	产品宣传文字设计与制作作业			
作业子项	内　容	子项分值	实际得分	评　语
	描述图的内容完整性	5 分		
	描述图整体布局与色彩运用	10 分		
	描述信息的真实性与科学性	10 分		
	产品宣传文字的制作	15 分		

任务 2　编辑产品描述

任务概述

客户在网络上搜索产品时,往往会面对数百甚至上千条同类信息,他们会更关注那些言简意赅的产品描述,而不是那些冗长而没有重点的描述。因产品类型不同或面对的客户群体不同,需要用不同的方式来组织产品描述语言。在这个任务中,我们将学习用合适的方法向客户呈现产品描述,不仅是形式上的,也是内容上的。

任务包括:撰写产品描述信息、纸质载体产品文本信息的数字化编辑。

任务 2.1　撰写产品描述信息

任务描述

我们在这个任务中将学习一则规范的产品信息应具备的要素。撰写产品描述信息应注意产品信息收录的完整性、排列的科学性、信息的真实性。这个任务中,我们还要学习对不同类型的产品、同一产品针对不同需求的客户撰写产品描述信息。

任务分析

产品信息的基本作用是帮助消费者了解产品的情况并作为产品分类的基础。一则规范的产品信息应符合信息完整、真实,排列科学的要求,描述信息应该根据产品的类型和阅读对象采用不同的方式撰写。

例如,同样一件机械类产品,如果它的阅读对象是普通的使用者,那么他们只关心产品的性能、使用方法等,撰写给他们看的描述信息可以从突出其性能上与同类产品相比的优势;如果是给专业的采购商看的,则应着重说明其技术参数和创新设计的理念。

又如:为香水撰写产品描述信息与为机械配件撰写描述信息要求是不一样的,前者可以着重描述使用者感受等主观感觉,而后者必须重点凸显其技术参数。

任务实施

1. 阅读下面 2 则产品描述。

(1) 毛绒玩具的产品描述,如图 3-25 所示。

宝贝详情	评价详情(30)	成交记录(2120件)	服务质量	掌柜推荐	售后服务

淘宝商城卖家承诺：您付款之后，如果卖家延迟发货，可以获得商品价格10%（不大于100元）的赔付金，详见。

品牌:	货号：03652	形态：牛牛
卡通角色：其它品牌卡通	玩具类型：公仔	颜色分类：红色爱情领结 咖啡色领结
产地：原装正版	大小：90厘米	

名称我牛不?

品牌

面料高档卷毛绒

填充三维中空PP棉

规格90厘米

重量1公斤

颜色乳黄（因显示器不同图片带有色差，亲们购买后以实物为准哦）（不添石头的那款）

包装　　环保专用包装

认证出口玩具质量许可认证

标准GB6675-86

功能商务礼品 生日礼品 节日礼品 团购佳品

运费——

图 3-25　毛绒玩具的产品描述

(2) 变速器产品描述，如图 3-26 所示。

同步器型变速器S5-80（QJ805）

结构简介

★　QJ805是三轴式定轴传动的变速器，有五个前进档和一个倒档变速器，1档和倒档采用接合套换档，其余前进档均采用"ZF"锁环式同步器。

★　换档机构采用独特的ZF旋转轴—拉板—拨叉式；可配单杆及各式软轴机构，换档轻便可靠。

★　变速器可配置本公司生产的各式取力器、分动器和SAE1#或SAE2#离合器壳及附件以及各式电、液缓速器支架。

变速器总成（QJ805）

安装方式

★　变速器前端和发动机直接或分开安装，变速器可左卧、右卧、立式安装。

技术数据

型式	输入扭矩 N.m ※	标准传动比 1档	2档	3档	4档	5档	倒档
直接档	800	6.90	3.83	2.32	1.49	1.00	5.89
直接档	850	6.11	3.39	2.05	1.32	1.00	5.22
超速档	850	6.11	3.15	1.71	1.00	0.78	5.22
超速档	900	6.35	3.27	1.77	1.00	0.81	5.42
直接档	900	5.82	3.23	1.96	1.26	1.00	4.97
超速档	900	5.82	3.23	1.79	1.00	0.74	4.97

里程表传动比　1.545（可按用户要求加装二级传动装置）

总重量　195kg

干箱加油量　卧式安装12升、立式安装10.5升

※　参考值（取决于汽车的类型、技术特性和使用条件）.

若需详细或非标准安装变速器的技术资料、技术数据，请与本公司联系。

商标	
型号	QJ805，

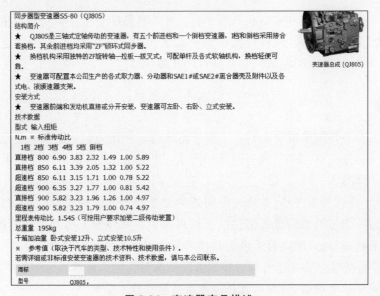

图 3-26　变速器产品描述

2. 思考上述 2 则产品信息所描述的产品分别有哪些特点，它们各适合何种阅读群体，然后完成以下题目。

第 1 题(多项选择)：第一则描述信息的风格是(　　)

第二则描述信息的风格是(　　)

A. 语言严谨科学　　B. 语言风趣幽默　　C. 给读者亲近、温馨的感觉

D. 描述中凸显产品材质、外形、色彩等特征所赋予使用者的良好感觉

E. 给人以严肃、专业的态度
F. 描述中着重说明产品的技术参数和应用范围

第2题(多项选择)：第一则信息描述风格的阅读对象一般是(　　)
　　　　　　　　第二则信息描述风格的阅读对象一般是(　　)
A. 准备买礼物送给男朋友的女士　　B. 挑剔的设备采购商
C. 幼儿园教师　　D. 技术人员　　E. 孩子

第3题(多项选择)：下列哪些产品不适宜用第二种风格撰写产品描述(　　)
A. 奶油布丁　B. 盐酸普鲁卡因　C. 联合收割机上的荆轮　D. 香水　E. 丝巾

3. 阅读图3-27所示的描述信息并思考下列问题。

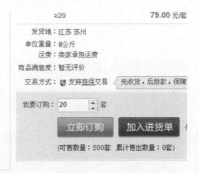

图3-27　童装产品信息

通过阅读这则信息，你认为一则完整的信息应该包含哪些内容？
关于产品本身信息的描述有：＿＿＿＿＿＿＿＿＿＿＿＿＿＿＿＿＿＿＿＿＿＿＿＿＿＿。
关于企业信息的描述有：＿＿＿＿＿＿＿＿＿＿＿＿＿＿＿＿＿＿＿＿＿＿＿＿＿＿＿＿。
关于价格、物流、销售方式的信息有：＿＿＿＿＿＿＿＿＿＿＿＿＿＿＿＿＿＿＿＿。
你认为还可以增加哪些信息：＿＿＿＿＿＿＿＿＿＿＿＿＿＿＿＿＿＿＿＿＿＿＿＿。

知识链接

1. 产品的基本信息

产品的信息包括编号、产品名称、产品扩展分类、是否虚拟产品、产品品牌、产品制造公司、原产地、产品数量、产品单位、成本价、本站价、活动价、会员价、各级会员提成价格等信息。

以上产品基本信息有些是所有产品都应具备的，如产品名称、品牌、制造公司等；有些信息不是所有产品都必须呈现的，如活动价、会员价等。

2. 编辑产品信息要注意的几个问题

收录信息的完整性：对于网络贸易平台后台生成的有关信息项目，在录入时应尽量详细。有关产品信息应该在产品介绍中有完备的表述，不能因为产品数量大而简单录入简要信息，这样无法保证消费者有效检索出重要信息。

排列的科学性：消费者在网络贸易平台上购物会进行大量的产品浏览，并且依照自己选择的标准进行信息比对，选择符合自己要求的信息进行详细查询。这些重要信息主要是产品名称、品牌、价格、运费、卖家信誉等级等，应科学处理这些重要信息。

信息真实性：卖家上传于网络的信息是消费者决定是否购买的主要依据，如果上网的产品信息出现错误或失真，消费者因错误或失真的信息误导而购买产品不仅会引起交易纠纷，还会降低卖家信誉。

任务 2.2　纸质载体产品文本信息的数字化编辑

任务描述

在实践中我们有时会希望把一些纸质载体的文本输入计算机中进行编辑，特别是一些有一定历史的公司，早年的一些资料还没有使用计算机进行管理。这些纸质资料如果人工录入计算机是一项工程量巨大的工作。那有没有办法把这些纸质载体的文件直接快速地输入计算机，并且用 Word 等常见文字处理软件直接进行编辑呢？在这个任务中，我们来解决这一问题。

任务分析

要用计算机编辑纸质载体的文件关键要解决两个问题：第一，怎样将资料快速输入计算机；第二，怎样用 Word 编辑这些资料。要解决将资料快速输入计算机的问题，靠人工录入是不可能的，只能通过光电转换这种高效率的模式，扫描仪可以做到。在前面的项目中，我们已经学会了扫描仪的使用，本任务不再赘述。要解决第二个问题，关键在于把扫描的资料变为 Word 可以识别的数据，扫描仪扫描获得的资料是图形文件，需要通过一些软件进行转化，才能变为 Word 可以识别的数据，这是本任务要学习的。

任务实施

1. 将纸质文件转化为 PDF 格式的文件

由于 PDF 格式的文件可以较为容易地转换为 Word 可以识别的文档，因此我们先将纸质文件做成 PDF 文档。

现在市场上多数扫描仪都可以支持制作 PDF 格式的文件，但是由于扫描仪性能、质量、安装驱动软件的区别，有的扫描仪制作 PDF 格式文件的能力很勉强。

如果我们手头有直接支持 PDF 格式的扫描仪，这件工作就变得简单，方法如下。

（1）做好扫描仪的硬件连接工作。访问官网下载或购买正版 Adobe Acrobat Professional 8.0。

（2）打开扫描软件，如图 3-28 所示。

（3）设置扫描参数。注意，如果没有特殊需要，一般将参数设置为灰度，而不建议用彩色，因为这样会使扫描得到的文件容量巨大。输出目的选择 OCR 识别,分辨率建议设置为 300dpi。据有关技术测试,300dpi 的分辨率可以识别 90% 的汉字,而 600dpi 的分辨率可以识别 100% 的汉字,但是速度相差 20 倍。根据待扫描的文件材质、新旧情况调整明暗对比和亮度,消除扫描作品的网格和底纹。

(4) 点击扫描区域,选择保存格式、位置。如果选择 PDF 格式保存,则选择将多幅图片保存在一个文件,这样便于连续扫描。这个功能很方便,可以把连续扫描的文件保存在同一个 PDF 文件下,省去了转换合并的步骤;但也有缺点,就是扫描过程中由于占用了大量的资源,计算机配置低或者软件配置问题,会造成死机。如果出现这种情况,前面扫描的文

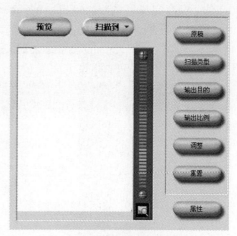

图 3-28　扫描软件界面

件也有损坏,会打不开,只能重新扫描,所以在扫描一定数量后就结束扫描以便保存。

也可以选择以图像保存,例如 JPG,然后选择对连续扫描的图像以增加序号的方式自动给出文件名,这样每个文件的文件名依次是"你起的文件名"-1.jpg、"你起的文件名"-2.jpg等,这样就是单个扫描了,即使出现问题,也只是最后一个扫描文件不能使用,比较安全,但这样做的扫描分辨率不能低于 400dpi。

本书选择保存为 PDF 格式,选择的是灰度 300dpi,然后确认,开始扫描,第一页扫描结束后,出现"保存"对话框,选择保存位置,设置文件名,如图 3-29 所示。保存完毕后会提示是否扫描下一张图片还是将多幅图片保存到一个文件,如图 3-30 所示。

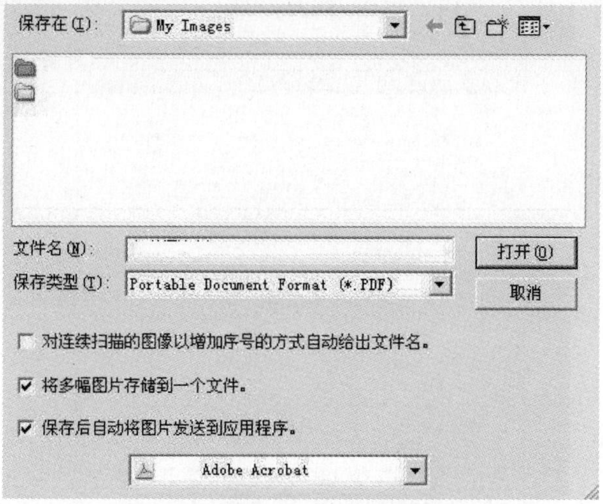

图 3-29　"保存"对话框

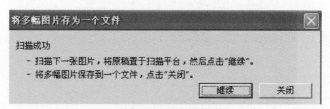

图 3-30　扫描成功

（5）保存完毕后，启动 Adobe Acrobat Professional 8.0，打开文件，如图 3-31 所示。

图 3-31　在 Adobe Acrobat 中打开文件

（6）选用文本选择工具，在文档上单击，此时，整篇文章都会高亮显示，如图 3-32 所示。

图 3-32　文本高亮显示

(7)右击,在弹出的快捷菜单中选择用 OCR 识别文本,如图 3-33 所示。

图 3-33　使用 OCR 识别文本

(8)在"识别文本"对话框中,选择识别本页还是全部页,Adobe Acrobat 默认的识别文字是英文,我们要在编辑中选择简体中文,然后确认。OCR 开始自动处理并进行识别,如图 3-34 所示。

图 3-34　光栅化

(9)识别完成后,可以用文本选择工具选择文本,此时就不是像第(6)步那样整页高亮显示,而是只有选择的部分高亮显示了,这说明这部分内容可以被取出单独处理。单击,复制被选择的内容。

(10)将复制的内容粘贴到文字处理软件 Word 中(如果要求不高,也可以用记事本编辑)。此时就可以像操作普通 DOC 文档或者 TXT 文档一样进行编辑了。

(11)核对原稿,校正错误。经识别编辑后的文章可能与原稿有一定的差别,应该认真核对原稿,纠正错误。例如,图 3-35 中的"池"误判为"地","宜"误判为"宜"。

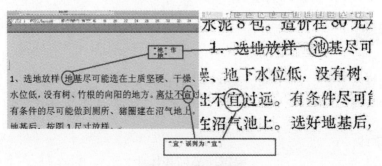

图 3-35　校正错误

通过以上步骤,可以将公司的纸质载体资料快速录入计算机,并用 Word 等文字处理软件进行编辑,编辑之后还可以保存为 DOC 文档或者其他文档。这对于有大量纸质载体文本资料需要录入计算机的用户很有用。对于有些有一定历史的公司,也可以将早年的资料录入计算机,进行编辑和保存。

将 PDF 格式的文件转换成 Word 可编辑的文件

PDF 是出版和图形领域的软件厂商 Adobe 制定的电子文档格式标准。与普通格式的电子文档(如纯文本、超文本、RTF 格式及 Word 文档等)相比,PDF 文档具有能够完善保持版面样式、跨平台等优越性,所以国外许多组织机构在发放无须再次编辑的文件时通常选择使用 PDF 格式。在我国,许多电子书籍也开始采用 PDF 格式。但 PDF 格式制作的资料本质上是图形格式,无法用 Word 等字处理软件进行字符识别和编辑。

为了解决这一问题,技术人员开发了多种 PDF 和 DOC 或者 TXT 格式的转换软件,可以将 PDF 格式的文件转换为 DOC 格式(用 Word 编辑)或者 TXT 格式(用记事本编辑)。其基本原理是利用 OCR 技术,将 PDF 格式(不可直接编辑的光栅格式)转换成为可编辑的 DOC 格式或者 TXT 格式,只要是清晰可辨的 PDF 格式,都可以完美地将 PDF 转换成完全可编辑的 Office 格式。

目前能够实现这种功能的软件很多,除了上文介绍的 Adobe 自带软件外,还有多款类似软件,如:

AnyBizSoft PDF Converter V2.5
Solid Converter PDF V6 / V7
e-PDF to Word Converter V2.5
CAJviewer 7.0 ABBYY FineReader V9
Readiris Corporate V12

将 PDF 格式文件转换为 DOC 或 TXT 文件存在一个识别率的问题。识别率的高低取决于 PDF 文件的清晰度。如果是使用扫描仪获得的文件,其清晰度将受到扫描分辨率的影响。一般设置的分辨率不能低于 300dpi,否则识别率可能低于 50%,过高的扫描分辨率当然可以提高识别率,但是会使文件容量变得极大,而且扫描速度将让人无法忍受。经测算,300dpi 的分辨率可以达到 90% 的识别率,这还受文件原稿质量的影响。在本任务中举例用的文件是一本出版于 20 世纪 70 年代的书,由于纸张较旧,识别率相应降低。这时可以将分辨率提高到 400dpi,但是不推荐用 600dpi 以上的分辨率。

思考与实践

一、思考题
1. 产品信息描述中至少应该包含哪些基本信息?
2. 在进行将纸质载体资料转化为 PDF 文档并再次转为 DOC 文档的操作时,扫描仪分辨率设置得越高越好吗?为什么?

二、实践训练

编辑产品描述作业

任务概述

某轿车的参数表如表 3-2 所示,请仔细阅读。请根据参数表提供的信息,选择合适的信息,为该产品写两份产品信息说明。一份产品信息说明的读者是专业汽车销售代理商,另一份写给正在准备购车的潜在消费者。

表 3-2　某轿车参数表

厂商指导价(万元)	6.28	后制动器类型	毂式	每缸气门数(个)	2
厂商	某厂	前轮胎规格	155/65 R13	汽缸压缩比	9.3
变速类型	4挡自动	后轮胎规格	155/65 R13	缸径(mm)	68.5
长/宽/高(mm)	3 495/1 495/1 485	备胎规格	155/65 R13	冲程(mm)	72
车身结构	5门5座两厢车	驾驶位气囊	1	最大功率——功率值(kW)	37.5(51)
整备质量(kg)	840	发动机电子防盗	有	最大功率转速(r/min)	6 000
最高时速(km/h)	125	中控锁	有	最大扭矩——扭矩值(N·m)	69
官方100千米加速(s)	17	遥控钥匙	有	最大扭矩——转速(r/min)	4 600
实测100千米制动(m)	50	无钥匙点火系统	选配	发动机特有技术	M-TEC
工信部综合油耗(L)	4.5	ABS(刹车防抱死)	有	燃料种类	无铅汽油90#
保修政策	2年/6万千米	EBD/CBC(制动力分配)	无	EBA/EVA(刹车辅助)	无
供油方式	电子燃油喷射式	ESP(车身稳定控制)	有	可调悬挂	前驱
缸盖材料	铝合金	轴距(mm)	2 340	电动天窗	有
缸体材料	铸铁	前轮距(mm)	1 315	全景天窗	选配
排放标准	国Ⅱ	后轮距(mm)	1 280	铝合金轮毂	铝合金
车体形式	两厢	前电动门窗	有	挡位个数	4
车门数	5	后电动门窗	有	驱动方式	前置前驱
油箱容积(L)	38	电动窗防夹手功能	有	前悬挂类型	麦弗逊式独立悬架
行李箱容积(L)	145	后视镜电动调节	有	后悬挂类型	连杆摆臂式单独立螺旋弹簧
发动机型号	F8CV	后视镜加热功能	有	转向助力	齿轮齿条式
排量(L)	1.2	后雨刷器	有	前制动器类型	盘式

作业要求

1. 针对专业汽车销售代理商的产品描述应做到真实、科学和完整。
2. 针对购车潜在消费者的产品描述应真实、客观,具有感染力和亲和力。
3. 将两份产品描述上交教师。
4. 作业时间:100分钟。
5. 作业总分:50分。

任务实施评价

《编辑产品描述作业》评价表如表 3-3 所示。

表 3-3 《编辑产品描述作业》评价表

学生姓名:		总分:50 分		学生总得分:
作业名称	编辑产品描述作业			
	内　　容	子项分值	实际得分	评　语
作业子项	描述信息的完整性	15 分		
	描述信息的科学性	15 分		
	描述信息的真实性	10 分		
	描述信息的感染力	10 分		

本项目小结

本项目介绍了如何编辑处理产品文本信息,包括制作产品文字效果、编辑产品描述以及纸质载体产品文本信息的数字化编辑,使同学们掌握文字在产品宣传中的作用,学会运用相关软件制作产品艺术文字效果,掌握根据不同的产品编辑产品描述的方法与技巧。

本项目布置了两个作业任务:制作产品文字效果、编辑产品描述。希望同学们在完成这些作业训练后,可以掌握产品文字信息的编辑方法,学会为具体企业的产品编辑产品描述信息。

项目4
商务信息整合编辑

教 学 目 标

◆ **能力目标**

能根据企业及产品宣传需要,对商务信息进行整合编辑,制作产品宣传单和商务电子杂志,优化、突出企业及产品的形象。

◆ **知识目标**

了解产品宣传单的分类、内容和设计理念;掌握一般产品宣传单的制作要领;了解商务电子杂志的用途和主要内容;掌握杂志制作软件的运用。

◆ **情感目标**

培养敏锐的市场目光;学会综合运用各类信息进行产品营销;培养在工作中吃苦耐劳和精益求精的工作态度。

↘ 任务1　制作产品宣传单
↘ 任务2　商务电子杂志制作

任务 1　制作产品宣传单

任务概述

随着当今社会竞争力日趋加强,各类企业或产品商家为增强市场竞争力、巩固品牌实力,运用了各种宣传形式来扩大企业或产品的宣传力度,而宣传单就是最重要的表现形式之一。本任务旨在使学生了解产品宣传单的分类、学会常见产品宣传单设计的主要内容、培养产品宣传单的制作技能与产品营销的能力。

任务包括:市场调研与设计定位、制作宣传单封面封底、制作产品宣传展示页。

任务情境

顾帆所在的海力针织制衣有限公司将要参加广交会,作为参展商之一,需要在展会上用产品宣传单来宣传公司的产品,烘托产品的优势,吸引到访客户,这就需要对公司的产品图片和文案进行艺术处理。他用Photoshop等软件精心设计了宣传单的封面、封底和彩页,使宣传单能更好地烘托产品的销售氛围和公司的形象,在广交会上争取更多潜在客户。

任务1.1　市场调研与设计定位

任务描述

若想做好宣传单设计,则需要对企业和产品的相关信息有深度了解,还要以市场的角度去考虑该企业或产品的性质及其在市场中的定位,只有对所制作的宣传单有一个清晰的设计流程,才能制作出精美、高端的宣传单。本任务主要对宣传单设计做调研分析。

任务分析

宣传单可以将企业及产品信息直接传达给消费者,一本好的宣传单设计既能体现企业的规模、性质、产品特点等,也可以给消费者留下深刻的视觉感受,让人过目不忘,从而达到高关注度或促进销售的目的。

由于人文习惯、文化特点以及产品用途有诸多不同,因此,宣传单的称呼也不一样,例如它还可以称为样本、产品说明书、招商手册、楼书等。本书统称为宣传单。

任务实施

1. 市场调研

市场调研是任何一个企业的产品在生产或宣传之前的必经之路,广大群众是消费产品的实体,市场是销售的唯一渠道。因此,市场调研工作十分重要,起着投石问路的作用。市场调研的内容主要包括产品的需求、品牌的知名度、竞争力、产品渠道、价格定位、广告促销、整体表现力等。

请利用假期或者课余时间在家乡或者学校所在地进行某种商品的市场调研,掌握充分的素材,并完成调研简报,可以参考表 4-1 的格式。

表 4-1　某商品市场调研简报

市场对该类商品的需求情况	
该市场上已有哪些知名的同类商品	
一般购买者对该类商品的价格期望值	
其他情况	

2．设计定位

宣传单的设计要以文化、艺术、社会、生活为背景,以消费者心理为导向,以市场竞争为目标,通过不同的表现方式来达到良好的设计效果。有效的策略可以让整个设计事半功倍。设计的定位主要包括设计思路、设计风格、设计主题表现及成本预算等。同学们来自各个地方,每个同学的家乡都有一些有地方特色的产品。假设你要为家乡的一种地方特色产品制作产品宣传单,你打算如何进行设计定位?对于不同类型的产品以及面对的不同读者,应该考虑不同的设计定位。为地方特色产品所做的设计宣传内容与为机械工业产品所做的设计在设计思路、设计风格、设计主题上肯定是不一样的。

请你与其他同学讨论你们所选择的产品的设计定位,即采用何种风格和主题。

3．形象表现

当规划出合理准确的宣传策略后,企业或产品的表现形式也会随之确定,此时,设计者应该将设计制作出不同创意的展现方案提交给客户,为客户寻找设计成品的最佳表现方式,如设计作品所使用的材质、应用的尺寸大小以及印刷时的工艺等都是非常重要的形象表现。

4．素材选择

设计产品宣传单有两个基本原则:一是可以体现产品的整体特点与效果,这就需要精心选材,一般应选择同一系列、风格相似的产品作为主体,且产品图片应清晰、完整;二是可以体现产品图片的美观性,如果只是单纯摆放一张产品图片,无疑会显得很单调,但如果加上一些文字描述和艺术修饰,则会大大提高美观程度。可以用图像处理软件将若干产品图片及文字等其他元素以一定的布局,经过创意处理合成为一体,这一过程的关键技术是版式设计和广告创意。

蜜饯是北京的地方特色产品,还有驴打滚、冰糖葫芦、蜜汁板栗等,种类繁多。如果要为北京系列蜜饯大礼包做一广告宣传单,需要收集哪些素材?

请利用网络或者其他信息渠道收集制作北京系列蜜饯大礼包的素材,并将其按照"图片素材"、"文本素材"、"视频、音频素材"放入分类文件夹中备用。

当然,你也可以选择收集自己感兴趣的其他产品的素材。

知识链接

1. 产品宣传单概述

除媒体广告外,宣传单是一种能够在不同场合展现企业信息、产品信息或销售信息的宣传品,是商业贸易活动中一种重要的宣传形式,简称"小广告",是客户认识、了解公司及产品的窗口。要想成功推销产品,需要在产品图片上下工夫,以吸引买家进行交易。在制作时应抓住产品的特点,用逼真的摄影或商标等以定位的方式、艺术的表现吸引消费者。

2. 版式设计

制作产品宣传单的前提是版式设计,版式设计是现代设计艺术的重要组成部分,是视觉传达的重要手段。表面上看,它是一种关于编排的学问;实际上,它不仅是一种技能,更是技能与艺术的高度统一。版式设计可理解为在有限的版面空间里将版面构成要素——文字字体、图片图形、线条线框和颜色色块诸因素根据特定内容的需要进行组合排列,并运用造型要素及形式原理把构思与计划以视觉形式表达出来,即寻求艺术手段正确地表现版面信息,是一种直觉性、创造性的活动。良好的版面设计能准确地介绍产品、落实策略、推广品牌、建立起消费者对产品的依赖感与忠诚度。

3. 产品宣传单中的图像

一本产品宣传单设计成功与否,从它的图像应用可见一斑,因为一本画册第一眼被看到的,是它所展示的产品图片。一本好的产品宣传单中的图像首先要能在第一视线吸引客户,引起客户的注意力,这也是我们一直所重视和强调的"视觉传达";其次要能够准确地传递主题,让客户很容易理解并接受它所传达的信息,这正是我们所阐述的"信息传达"的一部分;最后图像要为主题思想服务,要引导客户进入文字,了解更多的企业、产品信息。因此我们应该对设计中的图像精雕细琢,精益求精,绝对杜绝图像的简单罗列拼凑,在具体的图像表现升华的基础上,展现出画面的表现力和说服力。

4. 产品宣传单中的文字

文字同图像一样,是宣传单设计中的重要设计要素,文字和图像相辅相成,相映生辉。产品宣传单中的文字一般是指产品文案,即产品的描述信息。文字必须详尽并符合行业规范,这样才能配合产品图片强化产品品牌,突出产品形象,以朴实而不乏创意、华丽而不显娇柔的辞藻打动客户。

5. 宣传单素材的收集

为了准确、完整地展现企业和产品形象,必须收集足够的企业和产品信息,主要包括企业简介、企业照片、产品图片、产品描述等信息。为了保证宣传单风格的统一,在选择产品素材时应该选择同一系列、风格相似的产品,产品图片应清晰、完整、美观,产品描述应专业、详尽、符合行业规范。最后应将图像和文字信息分类保存。

任务1.2 制作宣传单封面、封底

任务描述

封面是装帧艺术的一部分,犹如音乐的序曲,是把读者引入内容的向导。在封面设计中要遵循平衡、韵律、调和的造型规律,突出主题、大胆设想,运用构图、色彩、图案的知识,设计出完美、典型、富有情感的封面。本任务是用Photoshop软件制作宣传单的封面封底图片。

在本任务中,我们学习用 Photoshop 软件设计封面与封底的实例。我们主要以市面上最常见的双页宣传单为例进行制作,并结合具体的海力公司背景,在分析该企业产品特色的基础上,用之前学习的 Photoshop 相关知识,为企业制作图文并茂的宣传单封面封底,突出企业形象与产品特色。

具体操作步骤如下。

(1) 打开 Photoshop,新建一个文档,宽度为 37.5 cm,高度为 24.8 cm,如图 4-1 所示。

在"新建"对话框中,文件尺寸的计算方法是:封面的宽度数值为正封宽度(185 mm)+书脊宽度(5 mm)+封底宽度(185 mm)=375 mm,封面的高度为 248 mm。

(2) 为了便于区分封面和封底,可以在书脊处添加辅助线(辅助线只是辅助设计时用,并不会在最终图像中出现),具体方法是从左边标尺处拖曳到中间书脊处即可,按住 Shift 键可以使辅助线与标尺刻度强制对齐,如图 4-2 所示。

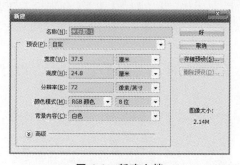

图 4-1 新建文档

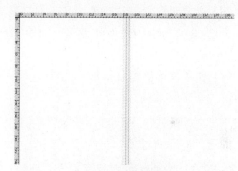

图 4-2 添加辅助线

(3) 设置宣传单的背景色,并用"油漆桶工具" 填充,效果如图 4-3 所示。

(4) 在宣传单上方再拖出一条辅助线,并在辅助线以上添加企业 Logo 标识、企业名称等信息,如图 4-4 所示。

图 4-3 填充背景色

图 4-4 添加企业标识信息

(5) 为了便于图层分类，可以通过"图层"|"新建"|"图层组"命令，将相关的图层合并在一个组。例如，新建"企业标识封面"图层组，将企业 Logo、企业名称等图层放在此组，如图 4-5 所示；并通过复制图层组可以得到相同的企业标识，移动到封底左上角作为封底的企业标识，如图 4-6 所示。

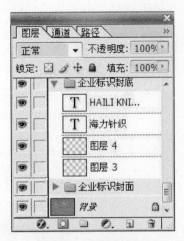

图 4-5　新建图层组

图 4-6　复制图层组

(6) 新建图层，选择"圆角矩形工具"，模式为填充像素，半径为 30 像素，分别设置不同的前景色，在宣传单的封面和封底分别绘制两个圆角矩形，并将图层不透明度设为 60%，如图 4-7 所示。

(7) 在宣传单的书脊处插入企业标识，并放大后做水印处理，不透明度设为 30%，如图 4-8 所示。

图 4-7　绘制圆角矩形

图 4-8　制作水印 Logo

(8) 为封面的圆角矩形制作艺术效果。打开 PS 联盟(http://www.68ps.com)，下载艺术笔刷，解压成 .abr 文件后在 Photoshop 软件中载入(具体方法见项目 2 中有关艺术笔刷的运用)。运用艺术笔刷修饰圆角矩形，效果如图 4-9 所示。

(9) 在封面的圆角矩形内添加公司的代表性产品图片，并做一定的编排与样式设置，参考效果如图 4-10 所示。

图 4-9 运用艺术笔刷修饰

图 4-10 添加主要产品

（10）在圆角区域下角添加修饰性元素、年份和公司名称等信息，如图 4-11 所示。

（11）在宣传单封底的圆角区域内输入公司的宗旨，在左下角输入公司联系方式，包括公司地址、主页、电子邮件、电话和传真等信息。最终效果如图 4-12 所示。

图 4-11 添加修饰元素

图 4-12 宣传单封面与封底

1. 宣传单的设计理念

宣传单的设计理念对于企业和产品的宣传来说是非常直接且重要的。有的企业在制作宣传单时，并不了解如何突出本企业的特色，而是一味地模仿市场上流通的宣传单，这样反而会对企业或产品带来负面影响。

宣传单设计首先应从企业和产品自身的特点出发；其次对宣传单的结构、目录、风格等进行确定；再次则是根据研究的结果来确定宣传单设计的风格、表现形式、摄影、版面布置、色调等。另外，宣传单设计的版面编排、印刷纸质、印刷工艺等，都关系到产品和企业的形象。

宣传单设计看似简单，实际上却很有技术含量。宣传单通常只有一张，印刷成两面。经常见到的情形是宣传单一被拿到手上就被随手扔掉了。那么，如何才能让宣传单使人过目不忘，进而激起客户的关注呢？优秀的宣传单设计应具备如下 5 个特点。

（1）主题表现

表现主题是策划宣传单的第一步。主题是对品牌发展战略、企业形象战略、营销战略的提炼和领悟。没有主题的提炼，宣传单就成了中规中矩的陈列品，不是灵动的展现，更不是所谓

的精神传递。

(2) 整体架构

宣传单的架构,犹如高楼大厦的架构,有良好架构的宣传单,就如高楼大厦有了良好的根基,也就有了雄伟的建筑设计。宣传单的基础、承接、扩展到最终的融合,每一步都息息相关、相辅相成。

(3) 创意表现

创意的表达是无处不在、无奇不有的。好的创意作品不只是在杂志广告中运用,只要创意符合宣传单表现策略,就既可以充分地展现宣传单的主题,也可以达到良好的宣传效应。

(4) 版式设计

宣传单的版式设计犹如时装,不同的季节、不同的年代都会有不同的款式出现,并广泛地流传于各个国家和城市。关注国外的优秀设计作品,比较同类行业的设计理念,优秀的版式设计都会与历史、社会的发展有着一定的继承关系。因此,在宣传单中的版式设计不仅可以增添一些中国元素,也可以适当地借鉴国外新潮的版式设计。

2. 封面、封底设计

封面、封底好似一个人的外表,出众的外表可以吸引众多人的注意力,使其产生好奇心理。因此,一份优秀的宣传单首先需要从封面、封底的设计开始。封面、封底的设计不需要面面俱到,但一定要主题突出。

任务 1.3　制作产品宣传展示页

任务描述

产品宣传单内页是宣传单的主要部分,是展示产品的舞台。产品宣传单制作遵循 3 个基本原则:统一的风格、丰富的素材、精美的排版。本任务在前一任务的基础上,制作宣传单的产品展示页。

任务分析

制作产品展示内页的方法与制作封面、封底相似。需要注意的是,内页应该和封面保持一致的设计风格;在图案、文字、产品照片的空间排列、色彩选择上也应注意整体的协调统一。在介绍产品时应图文并茂,对于复杂的图文,要求讲究排版秩序井然、主题突出。可以把公司主打产品的图片组合作为主要素材,发挥想象,大胆创意,使用 Photoshop 软件制作出图文并茂的合成效果,以精美独特的艺术效果吸引客户的眼球,使之留下深刻印象。

任务实施

1. 编排产品素材

其具体操作步骤如下。

(1) 新建文档,尺寸与封面、封底页相同。

(2) 设置若干辅助线,用以分隔图像区域与文字区域。设置前景色,并填充背景色,如图 4-13 所示。

(3)在页面的左上角和右上角分别添加企业标识和系列产品名称,如图4-14所示。

图4-13 设置辅助线

图4-14 添加企业标识和系列名称

(4)分别在内页的左侧与右侧绘制两个区域,用来填写产品详细描述,如图4-15所示。

(5)导入产品图片,按照一定顺序排列,并做适当的样式调整,如描边等,如图4-16所示。

图4-15 绘制产品描述区域

图4-16 添加产品图片

2. 布局文字

(1)分别为每件产品编辑详细的产品说明描述。

(2)设置文字的字体、字号和对齐方式,也可以根据需要设置一定的文字样式。需要注意的是,文字的编排在风格上要统一,布局工整规律,上下左右都应留有一定空白。

(3)最后检查图文效果,不当之处进行微调。产品展示内页的最终参考效果如图4-17所示。

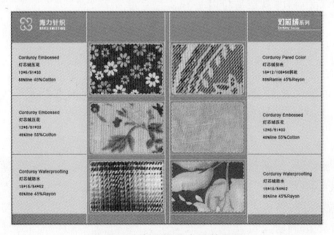

图4-17 产品展示内页效果图

知识链接

宣传单形式的分类

宣传单的形式主要是根据企业和产品的宣传方式进行分类的，不同形式的宣传单，其设计的原则、表现的主旨、版面的编排、纸质的需求、印刷的工艺都是不同的；同时，宣传单成本预算也随之进行变化，带给消费者的视觉和心理感受也会有所不同。

(1) 单页设计

单页的宣传单设计更加注重设计的形式，在有限的空间容纳海量的内容。一般采用的形式是正面为产品广告，背面为产品介绍。

(2) 双页设计

双页的宣传单在设计和编排时，应当注意整体内容的和谐感，既要对企业或产品的主题进行突出，也要对企业或产品的相关性能进行一定的表现。

(3) 三页设计

三页宣传单的设计，可以根据客户的要求对企业或产品所要表现的主题进行一定的内容编排或版面设计。

另外，在三页宣传单的造型设计上，设计者对其造型的裁剪可以进行一定的创意性变化，如圆角设计、波形设计、花式设计等。

(4) 四页或多页设计

四页或多页的宣传单设计，一般所采用的形式是对企业或一系列产品的展示或简介，在这类宣传单设计中，若对版面进行适当的留白设计，可以使得宣传单的整体效果显得大气从容，且给人以高雅的视觉享受。

思考与实践

一、思考题

1. 产品宣传单有哪些用途？
2. 产品宣传单在设计时可以有哪些版式？
3. 产品宣传单封面和内页在编排时分别应注意哪些问题？

二、实践训练

制作产品宣传单作业

任务概述

现代进出口有限公司将要在下个月去参加广交会，该公司的产品是各类中高档女式服装，请为之设计产品宣传图，以达到宣传企业形象和产品特点的目的。

作业要求

1. 收集企业信息和产品信息。
2. 加工与修饰产品素材。
3. 制作宣传单杂志封面。
4. 制作产品宣传单展示内页。

5. 作业时间:135 分钟。

6. 作业总分:40 分。

任务实施评价

《制作产品宣传单作业》评价表如表 4-2 所示。

表 4-2 《制作产品宣传单作业》评价表

学生姓名:		总分:40 分		学生总得分:
作业名称	制作产品宣传单作业			
	内 容	子项分值	实际得分	评 语
作业子项	选择产品素材	5 分		
	加工与修饰产品素材	5 分		
	制作宣传单封面	15 分		
	制作产品宣传单展示内页	15 分		

任务 2　商务电子杂志制作

任务概述

商务电子杂志是指以商业用途为主的电子杂志,现在已经成为企业在网络时代的一种重要的营销工具,它是通过互联网进行传播的一种数字杂志。本任务旨在使学生了解商务电子杂志的用途、掌握商务电子杂志的主要内容编排和制作方法、培养学生利用商务电子杂志进行产品宣传的能力。

任务包括:前期策划与素材准备、制作商务电子杂志。

任务情境

顾帆用 Word 和 Photoshop 等软件制作了公司的宣传单,并且将电子宣传单和纸质宣传单一起发给了几个老客户,征求他们的意见。一些客户肯定了这种宣传手段的效果,但是也提出了其中的不足:用 Word 和 Photoshop 制作的电子宣传单形式单调、音画效果不佳。其中一个客户给顾帆看了别人制作的一种电子杂志,这种杂志具有精美的动画、与产品相得益彰的音画效果,还具有自动翻页的功能。顾帆所在的公司为了扩大对外宣传,需要对公司形象及产品进行集成呈现,那么该如何制作这样的商务电子杂志呢?

任务 2.1　前期策划与素材准备

任务描述

制作商务电子杂志是一项较大的任务,需要前期进行合理的策划,并收集充分的素材,才能顺利完成。本任务是为制作商务电子杂志做准备,主要包括收集制作杂志必需的企业和产品资料、确定杂志的风格与主题、制作杂志封面和封底图片等。

任务分析

俗语说"巧妇难为无米之炊"。设计电子杂志之前,需要大量搜集资料和素材,通过主题内容来确定杂志的整体风格。因此,内容编辑也是整个设计过程中的重要环节。在拥有大量资料的基础上,我们就可以考虑电子杂志的整体风格设计了。

任务实施

1. 收集企业和产品资料

需要收集的资料包括企业图片、企业介绍、产品图片、产品介绍和背景素材、背景音乐等资料,并分类保存。

由于在商品信息处理时要用到种类繁多的文件、素材,希望同学们养成分类存放素材的好习惯,这对于增强工作条理性和提高工作效率大有好处,可以像图4-24中这样建立分类管理的文件夹。然后以家乡或者学校合作企业为研究对象,收集该企业的素材,准备为之制作电子杂志。

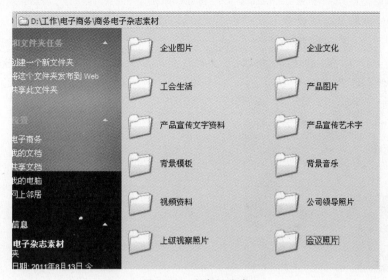

图4-24　为素材分类

2．整体策划,确定杂志的风格与主题

从所收集到的企业和产品资料中,对电子杂志进行风格与主题策划。电子杂志的策划包括杂志的定位、版式设计、栏目编排、内容选择、色彩风格、音乐选择等,还有选题、组稿、编辑、素材整理、技术实现等,都需要仔细考虑。

每个页面都应该是一个优秀的美术作品,必须通过整体的策划、配合来表现所要介绍的内容。一个有结构、有穿透力的色彩搭配,会产生更有空间感的透视效果,形成强有力的视觉冲击。动画、声音、视频、互动的整体配合可以使电子杂志的视觉效果更有层次感、空间感,从而吸引更多的读者。

思考以下问题:

(1) 企业产品的主要特色是什么?

(2) 企业想通过电子杂志达到怎样的宣传与营销效果?

(3) 通过哪些方法与途径来制作电子杂志以实现预期效果?

3．制作杂志封面和封底图片

在确定电子杂志的风格与主题后,我们可以开始制作杂志的封面和封底图片,制图时可以选择Photoshop、CorelDRAW等专业图像软件。

为了配合电子杂志的整体比例,我们在制作封面、封底图像时,设置的图像尺寸宽为388像素,高为550像素,其中封面图像主要突出企业名称、产品名称以及标志性产品,封底图像可以是企业的标志、联系方式等。

如图4-25是一张设计简洁的杂志封面图片,上方是企业的基本信息,下方是一张企业主要代表性产品图片,并制作了一定的艺术效果,还附上了公司的广告语,使人第一眼就对企业的形象有了大致了解。如图4-26是配套的杂志封底图片,以清新淡雅的渐变色为背景,与封面色彩遥相呼应,再附上企业的基本联系方式,简洁而实用。

图 4-25　杂志封面图片　　　　　图 4-26　杂志封底图片

当然,杂志封面与封底图片的制作风格并无定律,如果图像制作功底较好,完全可以制作出更吸引人眼球的精美图片。

知识链接

1. 传统商务杂志的局限性

之前企业为了树立企业形象、宣传企业产品、增加销售机会,往往会选择印刷产品目录、制作广告彩页、电视广告等方式,这些传统的宣传方式存在着一定的局限性:① 宣传营销成本高,特别是电视宣传、彩页宣传;② 宣传区域狭窄,只能在交易会上或附近区域派送或邮寄;③ 邮寄运输费用高,且不能保证一定送到或准时送到;④ 制作出来的平面宣传单及产品目录的时效性短,收藏价值不高;⑤ 为了更新宣传内容及产品目录,需要花很多印刷费及人力。对规模较大的甚至跨地区的企业而言,传统的板报、告示栏显然已无法满足需求,而印制内部宣传单的成本及运输费用又相当高。

2. 商务电子杂志

如今,网络传播成了最有效、经济的手段。以上的这些烦恼,电子杂志都可以轻松解决。商务电子杂志是指以商业用途为主的电子杂志,现在已经成为企业在网络时代的一种重要的营销工具,它是通过互联网进行传播的一种数字杂志。商务电子杂志在传统杂志形式上融入了声音、图像、动画、视频等手段,把平面杂志的交互性、可视性做得更完美、更具冲击力,是传统平面媒体与网络媒体的绝妙结合,可用于企业宣传、产品展示、说明书、形象推广、动态视频展示、出版、网站合作或产品等。它投资小，针对性、服务性更强，通过它能够轻松联络客户和潜在客户、扩大品牌的影响。电子杂志可设互动功能，使企业在第一时间内了解客户的需求与反馈，以及大众对企业本身或者产品的意见及建议，同时节省企业的宣传成本，增加企业的宣传效果。商务电子杂志，可以从多角度介绍企业和产品，达到市场推广和品牌宣传的目的。

以下是几家知名企业成功的电子杂志应用实例。

（1）《瑞丽·裳》：由瑞丽杂志集团与 ZCOM 电子杂志制作团队联手打造的电子杂志，是白领女性高品位时尚专刊，引领中国白领女性美丽与生活的指导型实用杂志，展现成就国际派白领女性的优雅外表与丰富内心。

（2）《数码前线》：由 CNET 集团旗下《个人电脑》杂志社与 ZCOM 电子杂志制作团队联手打造的电子杂志，它吸收世界最新科技资讯，生动报道高格调、高性能和高品质的时尚消费产品，并通过一流的摄影和精悍的评述呈现出来，为品味卓越人士提供兴味盎然的数码资讯内容和视觉享受。

3. 商务电子杂志的优势

商务电子杂志与传统杂志相比，具有以下优势。

（1）具有文字、图片、色彩、电影、三度空间、虚拟现实等所有广告媒体的功能，通过它，可以让客户非常方便地看到公司的介绍、产品说明、服务方式、联系地址，而且可以加入声音、图片、动画和影像信息，达到真正的声情并茂，从而树立良好的企业形象。

（2）客户市场遍及全世界每个角落。不管我们是否需要，都会发现网上的客户可能来自世界各地。

（3）提供即时的商业信息、产品目录、广告营销等内容。资料一旦放在电子商刊（杂志）上，即可立即发挥效用，更可随时更新、更正，省时省力，节省了大笔的人力及印刷费用。

（4）广告营销成本低，比起印刷产品目录和电视广告，其费用显得微不足道，且上网之广告区域能延伸到全世界每一个角落。

（5）降低公司客户服务成本。传统的客户服务是职员接电话方式，可能造成人为错误，延误商机；而在电子商刊（杂志）上，可提供经过精心设计的"常遇问题解答"、"产品注意事项"及"使用指南"等资料，让客户能在自己的计算机上储存或打印，既快速又方便。

（6）能把广告营销与订购连成一体，促成购买意愿。在电子商刊（杂志）上，可设计订购单，让客户选择打印出订购单，填妥寄回或直接在线上送回，为客户提供更快速、更直接的购买渠道。

（7）不与现有其他传统商业媒体冲突或重复，减少浪费。网络上的商业还可以满足那些重视隐私权、不愿亲自登门购买、年长或残疾而行动不便的客户的特殊需要，从而增加更多的商机。

（8）可下载，即使不能上网也可以离线浏览。

电子杂志可以使人们体会到多种感官的感受，加上电子杂志中极其方便的电子索引、随机注释，更使得电子杂志具有信息时代的特征；但由于受各种条件的限制，电子杂志目前在国内尚处于起步阶段。

4. 常见电子杂志制作软件

（1）iebook

iebook 超级精灵是一款免费软件、专业的电子杂志制作软件，适合专业的电子杂志制作公司、广告设计型、网络营销型公司或者个人使用。它完全免费，还可以修改 ICO 图标、添加标题、直接生成单独 EXE 文件或者直接上传 SWF 在线杂志直接浏览。iebook 第一门户在免费发布国内顶级的专业电子杂志制作软件的同时，提供上千上万套电子杂志素材、电子杂志模板免费下载，功能实用，运行流畅。它具有超强、超炫、超专业，简易、简洁、不简单的特点。iebook 超级精灵 2008 金牌版，首创组合式电子杂志模板，可以对组合模板随意进行位置拖动、放大、缩小、旋转、复制、粘贴、超链接等操作，让制作者有更大的创意发挥空间。图 4-27 是 iebook 的操作界面。

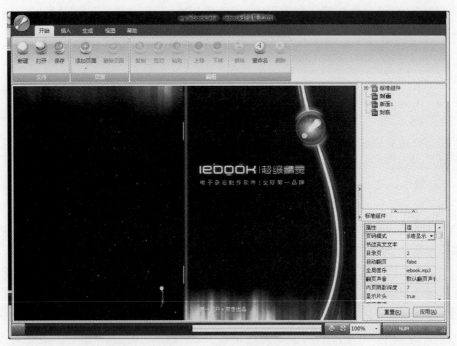

图 4-27　iebook 操作界面

（2）Zinemaker

Zinemaker 是国内最专业的电子杂志合成软件之一。耳目一新的操作界面、简约设计风格，突出软件界面空间的利用。类似视窗系统的操作界面风格更切合用户习惯，让用户操作简单易学，迅速掌握使用。免费发布的国内顶级的专业电子杂志制作软件，功能实用运行流畅。生成的电子杂志文件是独立的 EXE 文件，内置 Flash 8 播放器，直接打开就能观看，无须其他平台或插件支持，不更改用户计算机的系统及注册表信息，使用更方便。自带多套精美 Flash 动画模版和大量的 Flash 页面特效，让更多普通用户也能一起制作属于自己的电子杂志。提供全新在线发布功能，只需简单几步就可以把杂志发布到网上，在线观看。图 4-28 是 Zinemaker 的操作界面。

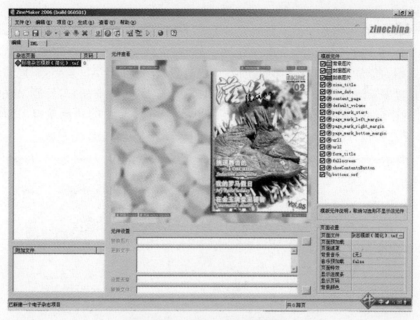

图 4-28 Zinemaker 操作界面

(3) PocoMaker

PocoMaker 是中国地区第一个基于个人空间的个人互动娱乐软件。PocoMaker 软件和 POCO 免费提供的 MyPOCO 个人空间实现无缝连接。软件和 POCO 网站平台好友消息的即时互通、在线聊天、图片自动压缩批量上传和一键式加工调色、p2p 无限影音多媒体分享下载等多种功能。MyPOCO 个人空间的好友动态、留言、投票等信息第一时间获知,完全免费的电影、音乐、游戏等大容量文件高速下载。图 4-29 是 PocoMaker 的操作界面。

图 4-29 PocoMaker 操作界面

（4）ZMaker

ZMaker杂志制作大师是一款以全民制作杂志为目的的电子杂志制作软件，无版权限制，终身免费，并由专业团队进行电子杂志制作软件的升级与模板的更新。此电子杂志制作软件具有简洁的按钮、直观的操作提示，简单易懂，可生成独立运行的EXE杂志，脱离播放器使用，丰富的模板让更多普通网民可以自己制作精美电子杂志。针对专业用户，特别是平面杂志社，此电子杂志制作软件拥有可调尺寸、自行制作模板，以及丰富自由的功能接口、良好的扩展空间，让平媒数字化更加方便快捷且得心应手。图4-30是ZMaker的操作界面。

图4-30　ZMaker操作界面

当然还有一些软件也可以制作电子杂志，例如，诺杰数码精灵、PChome电子杂志制作工具、Joy Maker制作软件等，也是可以用来制作电子杂志的。

任务2.2　制作商务电子杂志

任务描述

素材准备就绪，前期策划完成，我们开始着手制作商务电子杂志。下面以iebook软件为例，为企业制作图文并茂、绘声绘影的电子杂志。

任务分析

电子杂志的制作步骤主要包括新建杂志并设置整体属性、下载并运用模板、制作目录、制作杂志内容页面以及后期合成与发布杂志等。应注意的是，在每个制作阶段，都应事先策划好，制作杂志的最终目的是为了突出企业形象与产品特色。

1. 新建杂志

（1）新建杂志模板文件

我们选择 iebook 作为主要设计软件，另外配合 Photoshop 等软件。打开 iebook 超级精灵软件，直接在软件默认启动界面"创建新项目"栏中单击相关电子杂志组件新建，弹出"创建新项目"对话框，如图 4-31 所示。在对话框中选择杂志组件，单击"确定"按钮。

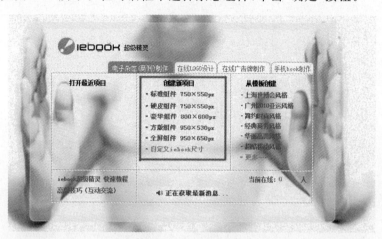

图 4-31　新建杂志

（2）替换封面和封底图片

选中"页面元素"列表框内的"封面"页面，在"属性"面板的"页面背景"下拉菜单中选择"使用背景文件"选项，如图 4-32 所示；再单击背景值后的"…"按钮，如图 4-33 所示；在"图片"菜单中选择左上角的"更改图片"按钮，在打开的对话框中选择要更换的封面图片，单击"打开"按钮，如图 4-34 所示；最后单击右下角的"应用"按钮，封面替换完毕，可以发现封面的书脊效果已形成，如图 4-35 所示。

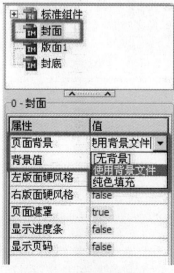

图 4-32　选择页面背景　　　　　　　　图 4-33　设置背景值

图 4-34　编辑封面图片

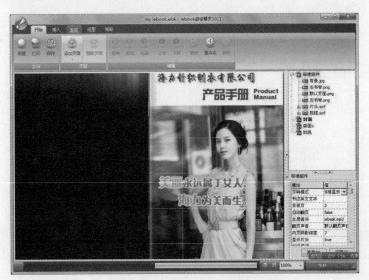

图 4-35　替换后的封面图片

封底的替换同封面。

（注：选中"封面"激活插入菜单，还可以在封面上添加特效、装饰、图片、动画、视频等元素。封面支持导入 *.swf、*.jpg、*.png、*.bmp、*.flv 视频、*.im 模板等格式。）

（3）设置组件属性

同时，我们也可替换杂志中的背景图片和背景音乐等元素。

① 替换背景图片。

在"页面元素"列表框内单击展开"标准组件"前的"＋"号，选择"背景"选项，在 iebook 的"开始"菜单中选择"替换"命令，在"图片"菜单中单击左上角的"更改图片"按钮，在打开的对话框中选择要更换的背景图片,再单击"应用"按钮,背景图片替换完毕,如图 4-36 所示。

图 4-36 替换后的背景

② 替换背景音乐。

电子杂志背景音乐设置包括主背景音乐(全局音乐)与内页背景音乐。

主背景音乐(全局音乐):整本杂志的背景音乐。

内页背景音乐:对内页单独版面音乐进行设置,在音乐设置框可以选择"同默认背景音乐"、"无背景音乐"、"浏览背景音乐"、"已有的背景音乐"等。

单击"页面元素"|"标准组件"选项,在组件"属性"面板,"全局音乐"默认为 iebook 主题曲,单击下拉菜单中的"添加音乐文件…"项,如图 4-37 所示。弹出"打开音乐"对话框,选择要添加的背景音乐。从"音频设置"对话框中选中刚才打开的歌曲,单击"确定"按钮,如图 4-38 所示。

图 4-37 替换全局音乐　　　　图 4-38 设置背景音乐

2. 制作电子杂志目录

目录是电子杂志中很重要的一个部分。在电子杂志制作中，一个清晰的目录结构能让读者在检索、阅读杂志时觉得方便、明了。在确定了杂志的目录层次后，目录的显示位置和频率可以根据杂志的栏目设置和整体布局加以控制，这样，用户就能够方便地找到自己所需要的内容。

（1）导入目录模板

单击"页面元素"|"版面1"选项，激活"插入"菜单，弹出电子杂志"目录"模板库，选择中意的模板，单击模板的预览图，即可将电子杂志"目录"模板导入到电子杂志版面（页面），如图4-39所示。此外，还可以通过"模板下载"到iebook官方网站下载目录模板，并通过"快速导入"装入iebook中。

我们可以对导入的电子杂志"目录"模板进行文字替换、Logo替换、目录标题文字更改、目录跳转更改，或对元素进行放大、缩小、移动、旋转、复制、粘贴、延迟播放、色系更改等操作。

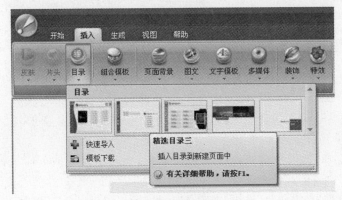

图4-39　导入目录

（2）设置目录跳转

电子杂志目录模板标题前面的数字表示单击该标题时跳转的电子杂志页面数值。以我们导入的目录为例，如图4-42所示，电子杂志目录模板标题前面的数字"06"、"08"、"10"表示单击标题时跳转至相对应的电子杂志第6页、第8页、第10页。

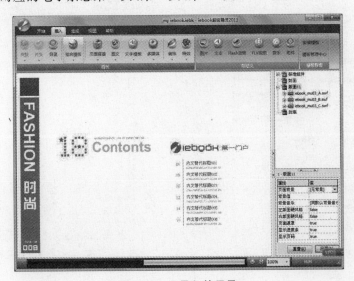

图4-42　已导入的目录

此外，还可以通过右击目录组件中的"内文替代标题"，在弹出的快捷菜单中选择"编辑"命令，然后对标题进行重新编辑，如图4-41所示。对目录模板中的相关文字和图片组件进行替换，如图4-42所示。更改后的目录页如图4-43所示。

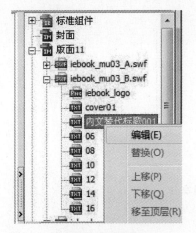

图 4-41　目录组件

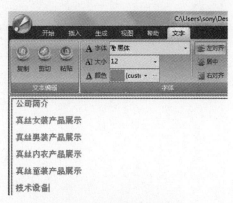

图 4-42　编辑目录标题

图 4-43　更改后的目录页

3. 添加杂志内容

（1）添加内容模板

方法与添加目录模板类似。为了增加杂志的视听效果，我们可以在平时多收集相关模板，甚至还可以通过Flash制作模板。在添加模板页面中，包含了"图文模板"、"图片展示"、"视频模板"等类型。通过类似的方法，可以完成电子杂志主体内容的制作。因此，内容的作用在这个环节就显得很重要了。

选择"版面1"选项,激活"插入"菜单,选择某一类型的模板,如"组合模板"或"图文模板",用以制作"公司简介"页面,并将"页面元素"列表框内新插入的模板名称重命名为"公司简介.im",以示页面间的区别,如图4-44所示。同理,选择作为"产品展示"和"技术设备"页面的模板,模板类型根据实际编辑需要选取。

图4-44 添加模板并重命名

(2) 替换编辑模板内容

① 编辑公司简介页面。

按照前面替换目录的方法,同样可以通过右击,在弹出的快捷菜单中选择"编辑"命令,然后对公司简介模板中的文本和图片元素进行重新编辑。可以替换编辑此模板中的相关内容,主要包括企业的介绍文字、企业图片等,替换方法与更换封面和目录相似。编辑后的公司简介页面如图4-45所示。

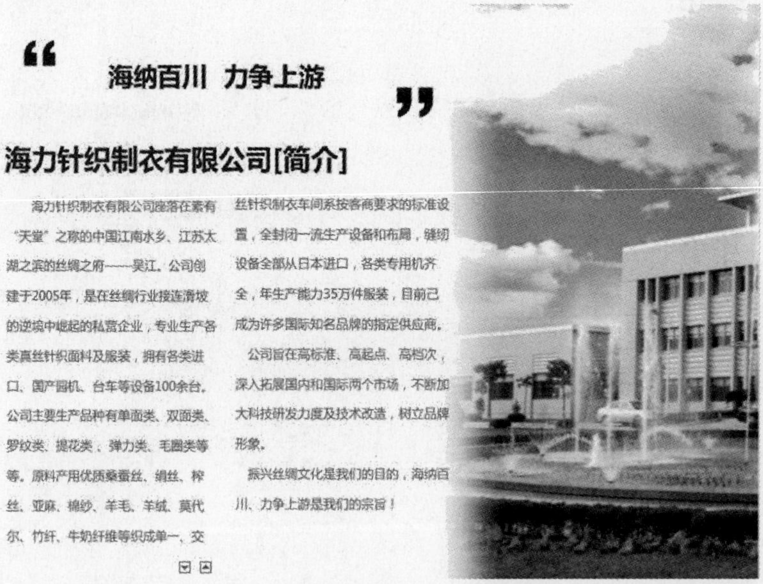

图4-45 编辑后的公司简介页面

② 编辑产品展示页面。

按照目录编排,产品展示有4个栏目,依次是真丝女装、真丝男装、真丝内衣和真丝童装,我们分别对这4个栏目的模板进行相应编辑。图4-46所示为真丝女装页面。

图 4-46　真丝女装页面

同理，制作出真丝男装、真丝内衣和真丝童装等页面，图 4-47 所示为真丝男装页面。限于篇幅，电子杂志的其他页面未一一列出。

图 4-47　真丝男装页面

（3）整体页面属性的设置

在模板主界面的"标准组件"属性中，包含了丰富的变量。例如，可选择 true 或者 false 选项来决定是否进行自动翻页、显示片头、按钮置顶、封面阴影等；打开"全局音乐"浏览框，可以选择所需要的音乐文件，如图 4-48 所示。在"版面"属性中，可以设置页面背景、背景音乐等，如图 4-49 所示。也可对版面添加特效，如图 4-50 所示。

图 4-48 设置组件属性　　　　图 4-49 设置版面属性

图 4-50 添加特效

4. 后期合成与发布

（1）杂志设置

在"生成"菜单中单击"杂志设置"按钮，如图 4-51 所示，弹出电子杂志"生成设置"对话框，在"杂志选项"选项卡中可以对电子杂志进行保存路径、图标文件、任务栏标题、播放窗口尺寸、安全设置等进行设置，如图 4-52 所示。

图 4-51 "生成"菜单

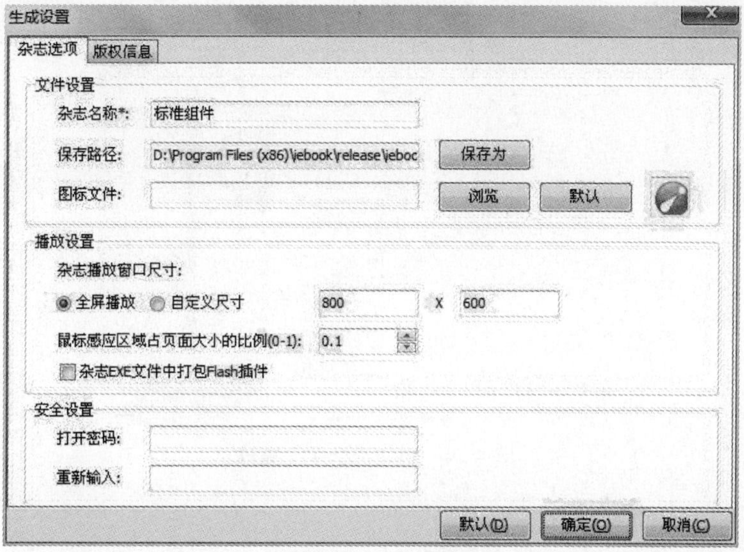

图 4-52 杂志设置

保存路径：软件默认保存路径为 iebook 的安装目录，单击"保存为"按钮即可自定义设置文件保存路径。

图标文件：单击"浏览"按钮选择自制 ICO 格式图标。可以将软件默认的 iebook Logo 替换为自制的电子杂志图标。

任务栏标题：任务栏标题为阅读 EXE 电子杂志时，显示在 Windows 任务栏的标题文字。

窗口尺寸：生成的 EXE 电子杂志默认为全屏播放，我们也可以根据自定义尺寸设置不同的窗口播放尺寸。

（注意：自定义输入的窗口尺寸应比杂志内页尺寸稍大，否则在 1∶1 显示状态下无法正确浏览电子杂志页面。）

安全设置：如果杂志内容比较重要，或者公司的新型产品外观及相关资料不想随便就能被打开观看，可以设置电子杂志打开密码，以保护内容及版权不受侵害。设置打开密码的电子杂志，在阅读时首先得输入正确密码才能继续阅读。

（2）预览和生成杂志

我们在编辑杂志的任何阶段，都可以随时通过单击"生成"|"预览当前作品"命令来预览杂志。

当杂志编辑完成后，我们通过单击"生成"|"生成 EXE 杂志"，使电子杂志编译生成，如图 4-53 所示。单击"打开文件夹"按钮可以在保存路径下找到编辑好的电子杂志文件，单击"打开"按钮可以直接播放已经编译完毕的电子杂志，预览整体效果，如图 4-54 所示是制作完成的电子杂志首页。

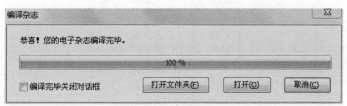

图 4-53 编译杂志

图 4-54　生成后的电子杂志

(3) 在线发布电子杂志

在"生成"菜单中单击"发布 SWF 在线杂志"按钮,弹出"发布在线"电子杂志对话框,在"发布类型"下拉菜单中选择"iebook 在线服务器"选项,单击"下一步"按钮继续;第一次发布在线杂志,请单击"获取登录号"按钮,获取登录 IE 号码及密码;每个 IE 号都是唯一的,一个 IE 号代表一本杂志(一个公司或者一个杂志制作商),填写以前获取的 IE 号即可将两本杂志共用同一个评论 ID。获得 IE 号及密码后,填写电子杂志相关信息,就可以登录服务器,上传电子杂志了。

电子杂志软件中的模板运用

通常各大电子杂志制作软件的官方网站都有大量的电子杂志模板可供下载,如图 4-57 所示为 iebook 素材中心,我们可以免费下载这些电子杂志模板,如图 4-58 所示。这些模板为我们制作电子杂志提供了极大的便利,通过组合运用丰富多彩的模板可以制作出很多精美生动的电子杂志。

图 4-55　iebook 素材中心

图 4-56　模板下载

以 iebook 为例,软件为我们提供了组合模板、图文模板、文字模板及多媒体模板等。

(1)"组合模板"是指已经组合好的模板,此模板为一个完整、独立的版面(页面),所以组合模板并未导入到"版面1",而是重新建一个页面,如图 4-59 所示。

图 4-57　组合模板

(2)"图文模板"分为"两张切换"、"三张点击"、"四张展示"、"五张循环"、"六张点击"及"多图片展示",如图 4-58 所示。

(3)"文字模板"分为标题和文字组合两类,如图 4-59 所示。其中"标题"模板为电子杂志标题性模板,"文字组合"模板包括常用的文字组合版式及不同的文字组件模板。

图 4-58 图文模板

图 4-59 文字模板

（4）"多媒体模板"分为"视频模板"、"游戏"及"综合"三类，如图 4-60 所示。其中"视频模板"包括电子杂志视频模板、电子杂志音乐播放模板等电子杂志多媒体类模板；"游戏"为电子杂志 Flash 小游戏模板；"综合"模板包括常用的问题测试性模板、电子杂志调研表模板及其他类型电子杂志模板。

图 4-60 多媒体模板

一、思考题

1. 任务 2 介绍的商务电子杂志与任务 1 介绍的产品宣传单各有什么优点？
2. 在常见的电子杂志制作软件中，如果为企业制作电子杂志，你会选择哪一款，为什么？

二、实践训练

商务电子杂志制作

任务概述

请你选择家乡或者学校所在地的一家企业，收集该企业的有关信息，为其制作一套电子杂志。

作业要求

1. 收集制作电子杂志必需的企业信息和产品信息。
2. 制作杂志封面与封底图片。
3. 选择一款合适的电子杂志制作软件，为企业制作电子杂志。要求杂志结构完整、主题突出、内容充实、色彩统一、模板运用合理，总体篇幅不少于 10 页。
4. 杂志生成后，上交 EXE 文件。
5. 作业时间：135 分钟。
6. 作业总分：50 分。

任务实施评价

《商务电子杂志制作》评价表如表 4-2 所示。

表 4-2 《商务电子杂志制作》评价表

学生姓名：		总分：50 分		学生总得分：
作业名称	商务电子杂志制作			
	内　容	子项分值	实际得分	评　语
作业子项	收集素材	10 分		
	电子杂志的技术性	20 分		
	电子杂志的艺术性	20 分		

本项目小结

本项目介绍了如何整合编辑商务信息，包括产品宣传单制作和商务电子杂志制作，使同学们能培养产品宣传单和商务电子杂志的制作技能，培养利用技术手段增强产品营销的职业能力。

本项目布置了两个作业任务：制作产品宣传单和商务电子杂志制作。希望同学们在完成这些作业训练后，可以掌握产品宣传单的制作要领及商务电子杂志的策划与制作方法，为企业制作生动美观的产品宣传单和商务电子杂志，加强企业和产品营销。

项目5
商务信息网络发布

教 学 目 标

◆ **能力目标**

能根据企业网络宣传的需求,收集企业及产品的信息,在第三方商务平台上为企业建立商务网站,编辑、发布和维护商务信息。

◆ **知识目标**

熟悉第三方商务平台的分类与功能;掌握商务平台的基本操作方法;掌握一般产品的描述方法;掌握在第三方商务平台上发布、维护和推广商务信息的方法。

◆ **情感目标**

培养市场竞争意识;培养敏锐洞察市场动态的能力;培养团队协作精神;培养一丝不苟、精益求精的工作态度。

↘ 任务1　电子商务平台的认知与选择
↘ 任务2　电子商务平台注册与信息编辑
↘ 任务3　商务信息推广

任务1　电子商务平台的认知与选择

任务概述

　　电子商务平台是一个为企业或个人提供网上交易洽谈的平台。目前因特网上商家不少，但由于缺乏相应的安全保障、支付手段和管理机制，网上商家以一种无序的方式发展，造成重复建设和资源浪费。选择一家知名度大、服务理念新、交易安全的电子商务平台是顺利进行电子商务的保障。

　　任务包括：初识电子商务平台、选择合适的电子商务平台。

任务情境

　　顾帆家乡的中小型外贸企业主要靠熟人帮带的方式来开拓市场。由于顾帆家的公司起步晚、规模小，这种开拓市场的模式使其只能在激烈的竞争中分到一杯残羹。顾帆的加入为家庭企业带来了新的经营理念——突破传统模式的限制，将视野定位于无限广阔的网络天地，开展电子商务。

　　企业开展电子商务需要借助一定的网络平台和工具，通过这些平台和工具的有效整合进行有效的企业推广。像顾帆这样的年轻人有网上购物的经验，也算是初涉电子商务；但要真在网上做买卖，发布自己的商品信息还真不容易，网上的电子商务平台无可计数、种类繁多，究竟选择怎样的电子商务平台才能适合自己公司的定位，吸引更多潜在客户，确保交易安全可靠呢？

任务1.1　初识电子商务平台

任务描述

　　电子商务平台是一个为企业或个人提供网上交易洽谈的平台，类似于现实中的商城。网络上现有那些知名的电子商务平台，它们的功能、使用方法、服务对象有什么区别？在本次任务中，我们将对一些较知名的电子商务平台进行初步的了解。

任务分析

　　在本次任务中，我们登录一些知名的电子商务平台，研究其服务对象和运作模式。在研究这些电子商务平台时要带着一定的问题，积极思考，认真对待；同时，同学之间开展讨论，听取别人意见，以获得更丰富、更全面、更深刻的信息。

任务实施

1. 依次访问下列知名的电子商务平台

阿里巴巴(http://china.alibaba.com/);
慧聪网(http://www.hc360.com/);
环球资源网(http://www.globalsources.com/);
中国制造网(http://cn.made-in-china.com/);
亚马逊图书网(http://www.amazon.cn/);
淘宝网(http://www.taobao.com/);
麦包包(http://www.mbaobao.com/);
赶集网(http://huzhou.ganji.com/);
eBay 网(http://www.ebay.cn/);
谷瀑环保设备网(http://www.goepe.com/)。

2. 带着下列问题认真研究这些网站

问题1——以上电子商务平台分别为哪些用户(企业或个人)服务？
问题2——以上电子商务平台哪些为综合性交易平台？哪些为特定行业服务？
问题3——以上电子商务平台是否都有线上交易功能？
问题4——以上电子商务平台有哪些诚信认证机制？
问题5——以上点商务平台有哪些确保交易安全的措施？
问题6——以上电子商务平台是否会进行一些促进销售的活动？试举例。

3. 讨论并记录意见

就以上问题与同学进行讨论，并且将讨论意见记录在表5-1中。

表 5-1 网络电子商务平台调研表

网络电子商务平台调研表(请在符合条件的项目中打"√")											
平台名称		阿里巴巴	慧聪网	环球资源网	中国制造网	亚马逊图书网	淘宝网	麦包包	赶集网	eBay网	谷瀑环保设备网
使用语言	中文										
	其他语言										
服务对象	企业对个人(B2C)										
	企业对企业(B2B)										
	个人对个人(C2C)										
是否为综合性交易平台	包含各类商品的综合性交易平台										
	某种产品的专业性交易平台										
是否有线上交易功能	提供信息发布但不能交易										
	可以在线交易										
有无诚信认证机制	有										
	无										
有无交易安全措施	有										
	无										
有无促进销售活动	有										
	未见										

1. 电子商务平台

电子商务平台是一个为企业或个人提供网上交易洽谈的平台。电子商务平台是建立在因特网上进行商务活动的虚拟网络空间和保障商务顺利运营的管理环境，是协调、整合信息流、物质流、资金流有序、关联、高效流动的重要场所。企业、商家可充分利用电子商务平台提供的网络基础设施、支付平台、安全平台、管理平台等共享资源有效地、低成本地开展自己的商业活动。

2. 电子商务平台的分类

根据不同标准，电子商务平台也被分为不同的类别。根据贸易双方的特征划分，电子商务平台一般被划分为以下3种类型。

（1）B2B 电子商务平台（Business to Business）

企业对企业之间的贸易，此类电子商务平台上的交易双方都是企业。B2B 电子商务平台的代表有中国制造网、阿里巴巴、环球资源网等。

（2）B2C 电子商务平台（Business to Customer）

企业对个人之间的贸易，此类电子商务平台上的卖方都是企业，买方都是个人消费者。B2C 电子商务平台的代表有亚马逊图书网、凡客成品等。

（3）C2C 电子商务平台（Customer to Customer）

个人对个人之间的贸易，此类电子商务平台上的交易双方都是个人。淘宝、易趣等都是著名的 C2C 电子商务平台。

按照贸易方向进行划分，电子商务平台又被划分为内贸型平台和外贸型平台两种。一般来说，内贸型平台都是中文网站，而外文电子商务网站（一般以英文为主）基本都是外贸型平台。国内几家著名的电子商务平台基本都同时开设中文站和外文站，也就是同时开展内贸服务和外贸服务，只不过各有侧重。

根据行业类别划分，电子商务平台又被划分为综合型平台和专业型平台。综合型平台里的产品，规模大、种类多；而专业型平台则有在某一类型产品上数量集中、划分更加专业的优势。

综合型商务平台提供了来自全球范围的最新买、卖、合作机会信息，涵盖了机械、电子电工、化工、家居、工艺品、服装服饰、建筑、食品、医药、汽车、家电、通信、能源等几十个行业领域近千项分类的不同产品。用户可以通过产品的关键词、来源国家、发布日期、买卖类型和行业分类等多种方式，检索与查询所需要的商务信息。在这些网站上，每天都会有来自全世界的买家和卖家在此寻求商机。常用的综合型商务平台有阿里巴巴、中国制造网、环球资源网等。

国内主要知名 B2B 电子商务平台的特点如表5-2所示。

表 5-2　知名 B2B 电子商务平台的特点

序号	B2B 电子商务平台	特　点
1	阿里巴巴	全球第一家针对中小企业开展电子商务的第三方交易平台，连续5年被评为全球最大 B2B 电子商务平台
2	环球资源网	以小礼品和电子产品为优势，是亚洲知名的电子商务平台
3	慧聪网	全行业电子商务网站，是目前国内行业资讯最全、最大的行业门户平台
4	中国制造网	最资深的全球采购网，它的信息平台和优质商业服务更为中国对内、对外贸易的发展提供了强有力的支持
5	中国制造交易网	中国制造业综合性、专业性电子商务平台

阿里巴巴是全球著名的企业间(B2B)电子商务平台,管理和运营着全球领先的网上贸易市场和商人社区——阿里巴巴网站,为来自220多个国家和地区的1 200多万企业和商人提供网上商务服务,是全球首家拥有百万商人的商务网站。在全球网站浏览量排名中,稳居国际商务及贸易类网站第一名,遥遥领先于第二名。阿里巴巴公司目前由四大业务群组成:阿里巴巴(B2B)、淘宝(C2C)、雅虎(搜索引擎)和支付宝(电子支付)。图5-1所示为阿里巴巴中文站主页。

图 5-1　阿里巴巴中文站主页

中国制造网是一个中国产品信息荟萃的网上世界,面向全球提供中国产品的电子商务服务,旨在利用互联网将中国制造的产品介绍给全球采购商。中国制造网独有的"Made in China"域名对中外商家而言非常直观形象,具有很强的亲和力和天生的知名度;而它的信息平台和优质商业服务更为中国对内、对外贸易的发展提供了强有力的支持。中国制造网现已成为中国产品供应商和全球采购商共通、共享的网上商务平台。在国际贸易和商务活动中,供应商希望自己的产品尽可能被众多采购商熟知,而采购商则希望多多结识和了解产品供应商,从而找到最适合的供应商和合作伙伴。中国制造网关注中国企业特别是众多中小企业的发展,因为他们深信,只有在中小企业发展的基础上全球经济才能更健康地成长。凭借巨大而翔实的商业信息数据库、便捷而高效的功能和服务,中国制造网成功地帮助了众多供应商和采购商建立联系、提供商业机会,为中国产品进入国内和国际市场开启了一扇方便的电子商务之门。图5-2所示为中国制造网中文站主页。

3. 电子商务平台的功能

电子商务平台是为企业之间、企业和最终消费者之间提供服务的,是为最终消费者从事信息沟通和获取、产品传递、资金流转以及辅助决策,并为企业的生产经营提供劳动力、资金等生产要素服务的。它是构成交易环境的主要因素,为买卖双方提供越来越多可供选择的交易途径,使买卖双方可以因时、因地、因物、因人和因事制定对双方最有利的交易方式。第三方平台的电子商务是实现市场一体化机制的渠道机构,是随着市场经济发展而成长起来的,其显著功能如下。

图 5-2　中国制造网中文站主页

（1）基本功能是为企业间的网上交易提供买卖双方的信息服务。买方或者卖方只要注册后就可以在网上发布自己的采购信息或产品出售信息，并根据发布信息来选取企业自己潜在的供应商或客户。网上发布的信息一般是图像或者文字信息，随着带宽的增加，发布的信息将越来越丰富。

（2）提供附加增值服务。即为企业提供相关经营信息，如行业信息、市场动态。为买卖双方提供网上交易沟通渠道，如网上谈判室、商务电子邮件等。阿里巴巴还可以根据客户的需求，定期将客户关心的买卖信息发送给客户。

（3）提供低成本、高效益的服务。第三方平台电子商务的产生源于交易费用的控制，交易费用包括使当事人相互搜索的信息费用，收集和传递有关交易条款的费用，起草合同、履行合同的费用等。交易费用是市场价格机制运行对社会资源的浪费。既然交易费用是社会资源和财富的损失，那么对于一个给定的产出，组织交易的费用大小反映了交易的效率。提高效率就要节约交易费用。第三方平台的电子商务使得产品买卖双方不必去两两交易，不必单独为自己的产品找到最终消费者和原始材料供应者，他们只要加入到市场中去，与自己最接近的市场中介交易即可，寻找这种市场中介的交易费用相对要小得多。

（4）提供与交易配套的服务。最基本的服务是提供网上签订合同服务、网上支付服务等实现网上交易的服务。相约中国网站还可以根据客户的需要，帮助客户申请报关和联系认证等贸易服务。

（5）提供客户管理功能服务。即为企业提供网上交易管理，包括企业的合同、交易记录、企业的客户资料等信息的托管服务。当然这些属于企业的保密资料，但对于中小型企业来说，有一个安全保密的托管服务机构是非常必要的，而且是可以接受的。

(6) 防止市场中的机会主义行为。第三方平台的电子商务在确保市场交易安全方面有较高的激励,并且确保交易中的双方实践其交易谈判的结果。因为交易中双方在未来都必须同第三方电子商务联系,市场第三方电子商务可能处于一种较有利的位置来防止机会投机行为;而且,市场第三方电子商务比任何单个的生产商或者消费者所处理的交易都多。所以,他们在其投资监控技术方面就会产生规模经济,或者他们能够更好地确保市场的存在。

任务1.2 选择合适的电子商务平台

任务描述

在上一任务中我们初步了解了电子商务平台,这些电子商务平台因它们服务对象的不同而在具体功能上也有所区别。应该根据什么原则来选择最适合我们的电子商务平台呢?在本任务中我们通过几个案例来进行研究。

任务分析

选择电子商务平台应该遵循两个基本原则:第一,选择适合自己企业定位的电子商务平台;第二,选择信誉好、服务佳、有一定管理经验和稳定运作模式,尤其是在交易安全性和诚信认证上有成熟措施的平台。

任务实施

1. 选择电子商务平台的服务模式
(1) 请阅读下面案例一,并回答后面的问题。
案例一:图5-3是海力公司在阿里巴巴平台上注册的网站。

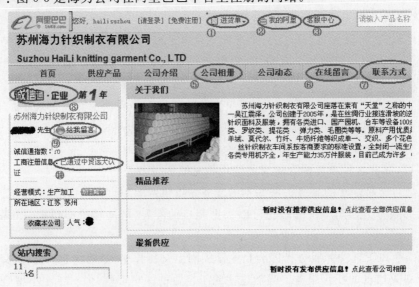

图5-3 海力公司在阿里巴巴平台上的网站

问题1:海力公司注册了平台的(　　)功能?
A. B2B 功能　　　　　B. C2C 功能　　　　　C. B2C

问题2:该电子商务平台为海力公司提供了哪些服务?这些服务在保证供应商和采购商的权益上起到哪些作用?

问题3:继续研究阿里巴巴的使用方法和运作模式,探讨阿里巴巴电子商务平台有哪些免费服务,有哪些增值服务。

(2)请阅读案例二,并回答后面的问题。
案例二:登录"淘宝网",输入关键词"相机"搜索商品,如图 5-4 所示。
浏览淘宝网关于"相机"的店铺,并尝试与店主进行沟通。
继续深入了解淘宝网的搜索、交易、询盘、物流等模式。

图 5-4　淘宝网

问题1:淘宝网属于(　　)功能电子商务平台?
A. B2B　　　B. C2C　　　C. B2C　　　D. B2C 和 C2C

问题2:下列哪些选项适合选择淘宝网作为网络电子商务平台?(多项选择)(　　)
A. 海力公司
B. 中国××集团铁路客车厂
C. 新上市农家早园笋特卖
D. 各种品牌尿不湿,品牌多,价格低

(3)请阅读案例三,并回答以下问题。
案例三:登录"赶集网",输入关键词"服装",浏览网页,如图 5-5 所示。
问题1:赶集网属于(　　)功能的电子商务平台?
A. B2B　　　B. C2C　　　C. B2C　　　D. B2C 和 C2C
问题2:海力公司是否可以选择"赶集网"进行电子商务活动?请说说你的理由。

(4)通过上面3个案例的学习,你认为企业应该怎样根据自己的市场定位选择合适的电子商务平台?

ganji赶集 湖州[切换城市] 湖州赶集网 > 湖州二手 > 湖州二手服饰/箱包/化妆品 > 湖州二手服装

类别：不限 箱包 服装 鞋帽 化妆品 饰品 其他 婚纱 礼服 连衣裙 牛仔裤 钱包 电脑包 女包 高跟鞋 篮球鞋
价格：不限 300元以下 300-500元 500-1000元 1000-2000元 2000-5000元 5000元以上
区域：不限 吴兴 南浔 德清 长兴 安吉
来源：个人 商家 不限 供需：转让 求购
标题/描述 搜索 淘二手，新增宝贝尽在赶集客户端免费推送！

赶集网提醒：让您提前汇款或者不见面交易的都是骗子！

湖州二手服装

日本化妆品艾诗缇-5折优惠 hc.fujifilm.com.cn 体验化妆品套装5折优惠中 活动即将截止
优众网名牌包包 100%正品 www.ihaveu.com 优众奢侈品网全场2折起,支持专柜验货,7天无条件退换货,U质生活,一网打尽
7月31日 阿迪正品球衣 长兴 - 200元
7月30日 吴兴区闲置衣物，超值了 吴兴 - 50元
7月25日 新娘晚礼服 结婚用 德清 - 100元
7月23日 供应童装和秋装 德清 - 9元
7月21日 森林系小碎花 层层荷叶边超仙雪纺衫 德清 - 30元

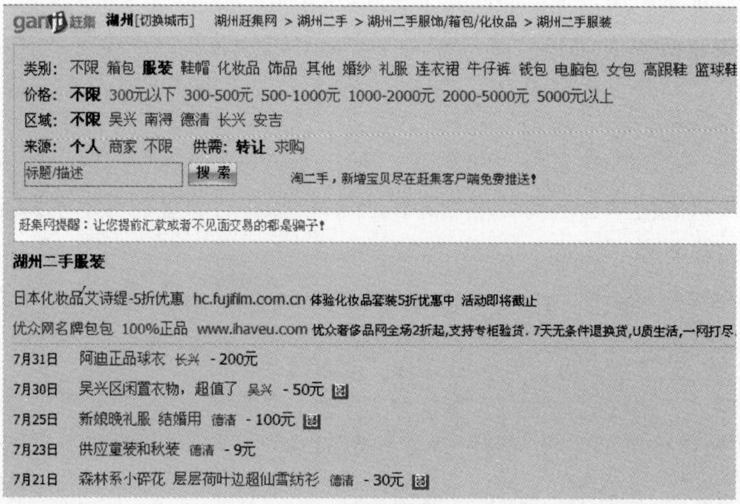

图 5-5 赶集网

2．选择在诚信认证和交易安全上更有保障的电子商务平台

任何企业或者个人参加电子商务活动必然要承担交易诚信的风险。一家成熟的电子商务平台服务商能够以其经验和技术在最大限度上保证交易安全和对每个用户的诚信认证。

对于初涉电子商务平台的用户来说，对交易安全存在疑虑是完全正常的。图 5-6 是某个用户在“百度知道”里咨询交易安全问题，请你阅读这段资料，并准备回答问题。

百度知道 > 生活 > 购物

在阿里巴巴交易安全吗？和诚信通的会员交易是不是更安全一些？

悬赏分：0 | 解决时间：2009-10-7 14:11 | 提问者：ajimimi 浏览次数：886次

我想在阿里巴巴进一批服装，但是商家要求先打款再发货。我担心两点：1.服装的质量问题，毕竟没去看货。2.我如果打了款商家不发货怎么办？因为他们公司根本就没核实，不过有诚信通的会员，是不是和他们交易会安全一些？诚信通对买家来说有什么保障没有？如有知情者请告知，万分感谢

最佳答案

首先 你所担心的 同样卖家也担心 网络诚信是一个不可避免的问题 但是不是没有解决的办法 首先 阿里巴巴的付费会员均通过了企业资质审核（营业执照）卖家至少是在工商管理部门真实注册存在的 再有交易前充分确定交易内容 不要留后患 还有保留好确定合作内容和谈判的邮件资料和聊天信息 可作为出现分歧时的证据 最后使用支付宝付款 对双方都有保障

百度知道 > 商业/理财

询问阿里巴巴交易安全事宜

悬赏分：0 | 解决时间：2010-7-14 08:54 | 提问者：上官暄嚣 浏览次数：458次

请各位大哥大姐告诉小弟一下，本人想批一批万代高达，看到阿里巴巴上面批发这个的商户特别多，到实地询问过一家结果被骗，请问在1688上做这个生意的商户如果能够使用支付宝交易的话安全么？？会不会用了支付宝交易还是会受骗？？期待懂行的各位的回复，谢谢。

最佳答案

是安全的，要方法对，先用网银充支付宝，交易时，是先把钱打到淘宝的账户上，等收到货时再确认，一般都收得，没收到或有质量问题就可以在淘宝上申请退款。

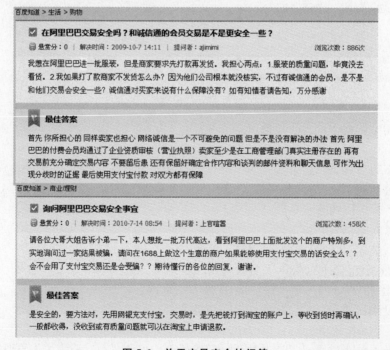

图 5-6 关于交易安全的问答

问题 1：阅读上面两则资讯，提问的网友在交易安全问题上主要有哪些顾虑？

问题2：进入阿里巴巴网站的客服中心，寻找有关交易安全和诚信认证的介绍，了解该平台有哪些措施来确保公司的安全交易。

问题3：登录"淘宝网"、"亚马逊"等电子商务平台，了解其交易安全体系，它们与阿里巴巴的安全体系有何异同？如图 5-7 所示。

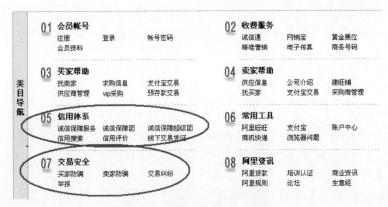

图 5-7　阿里巴巴的安全体系

3. 选择电子商务平台要注意的其他问题

(1) 请阅读以下一则关于"亚马逊"的新闻，并回答后面的问题。

卓越亚马逊开学装备总动员　全方位关爱学生族

8月11日，随着暑期时光的结束，即将迎来开学返校的高峰，广大家长和学子纷纷开始选购开学用品。国内最大的正品网上综合商城——卓越亚马逊特别推出开学季全面促销活动，将图书、数码产品、日用品、服装服饰等丰富的开学必备产品集结起来"总动员"，为家长和学子们带来一站式的轻松购物体验，快乐迎接新学年。

问题1：亚马逊通过新闻媒体进行自身品牌推广的活动对已经在该平台注册的用户会带来哪些好处？除了通过新闻媒体，电子商务平台还可能采用哪些手段进行自身品牌推广？

问题2：为什么在同样的条件下，我们要选择那些注重自身品牌推广的电子商务平台？

(2) 你认为在选择电子商务平台还应该关注哪些问题？

1. 国内主要的 B2B 电子商务平台

近些年来，随着中国中小型企业 B2B 电子商务交易规模及增幅的逐年扩大，网络营销在中小型企业营销战略中的地位越来越重要。面对几千家 B2B 网站，如何才能挑选出有实力、可信的电子商务平台？以下列出了国内主要的 B2B 电子商务平台。

（1）阿里巴巴

更名为 1688 的阿里巴巴无疑是国内 B2B 的行业老大，亦是全球企业间（B2B）电子商务的著名品牌。作为目前全球最大的网上交易市场和商务交流社区，阿里巴巴已连续 5 年排名《福布斯》杂志全球最佳 B2B 网站，累计注册会员（非付费和付费）已逾 617 万。

阿里巴巴：http://china.alibaba.com

（2）慧聪网

慧聪网提供的服务与阿里巴巴大致相同，作为一个 B2B 网站，慧聪商务网通过企业上网解决方案、网络营销、商务服务及专业市场四大部分的功能提供全面、完整、多选择的服务，以此获取利润。

慧聪网：http://www.hc360.com

（3）世界工厂网

世界工厂网是全球领先的大型电子商务互动平台。世界工厂网依托于一支致力于企业电子商务发展、具有丰富企业电子商务实战经验的电子商务专业人才队伍，为国内的企业打造一个基于免费的 B2B 平台，促进国内企业电子商务的发展进程。

世界工厂网：http://ch.gongchang.com/

（4）中国制造网

中国制造网（Made-in-China.com）是一个中国产品信息荟萃的网上世界，面向全球提供中国产品的电子商务服务，旨在利用互联网将中国制造的产品介绍给全球采购商。

中国制造网：http://cn.made-in-china.com

（5）中国供应商

"中国供应商"是中国政府为推动中国制造及对外贸易产业重拳打造的 B2B 电子商务平台，是在国务院新闻办公室网络宣传局、中华人民共和国商务部市场运行司、国家发展和改革委员会国际合作中心的指导下，由中国互联网新闻中心推出的中国唯一对外的官方电子商务平台。

中国供应商：http://cn.china.cn/

（6）环球贸易网

环球贸易网（Global Trade）是一家专业服务于企业贸易的诚信供需平台，于 2007 年在中国福州注册成立，为香港闽孚科技公司下属企业希尔达（福州）信息技术有限公司开发运营。内地服务运营中心设立在中国泉州及福州。

环球贸易网：http://china.herostart.com

（7）马可波罗

马可波罗是一个按效果付费的 B2B 平台，如果以收年费来盈利的 B2B 平台划分为第一代的话，这种模仿 Google 广告、按效果付费的盈利模式可以称为第二代 B2B 平台，值得一试。短时间内流量达到 B2B 网站排行第四，实力可见一斑。

马可波罗：http://china.makepolo.com

（8）中国商品网

中国商品网是国家商务部公共商务信息服务项目之一，已有 5 年历史，拥有近百万家企业、200 多万种产品的详细资料，称为中国产品的动态普查点。

中国商品网：http://ccn.mofcom.gov.cn

（9）万国商业网

万国商业网是提供全球性网上贸易电子商务平台及网上贸易服务解决方案的供应商,为全球商家和中国各类企业提供最强大、最优惠、最便捷的网上贸易信息发布、展示、搜索等各项服务功能。

万国商业网：http://www.busytrade.com

（10）贝通网

贝通网被称为是国内手续费最合理的电子商务平台,凭借长三角的地理优势,以及立志长期为中国的中小供应商提供便捷的外贸出口服务,是中国电子商务界的一支生力军。

贝通网：http://www.beltal.com

除了上述主要B2B电子商务平台以外,还有以下其他的网站。

敦煌网：http://seller.dhgate.com

铭万网：http://www.b2b.cn

一呼百应：http://www.youboy.com

百纳网：http://www.ic98.com

勤加缘网：http://www.qjy168.com

钱眼网：http://www.qianyan.biz

八方资源网：http://china.b2b168.com

金泉网：http://www.jqw.com

商格里拉：http://www.sellgreat.com

中国网库：http://www.99114.com

一大把：http://www.yidaba.com

供求网：http://www.gongqiu.com.cn

商机网：http://www.518ad.com

500强企业：http://www.500q.com

一比多：http://www.ebdoor.com

环球经贸：http://china.nowec.com

主要的外贸平台如下。

Alibaba：http://www.alibaba.com

Business：http://www.business.com

VenExport.com：http://www.venexport.com

TBC-WORLD.com：http://www.tbc-world.com

American Companies & Leads：http://cl.tradeholding.com

B2B For Trade：http://www.foodstradeholding.com

2. 结合企业特点选择合适的电子商务平台

面对如此众多的电子商务平台,企业应该如何选择呢？其实,这个选择过程并不困难,只要从以下几个方面入手。

（1）正确认识自己

如同任何一个企业选择经营场所一样,第一,要分析企业的情况。作为外贸企业,首先要分析自身产品的主要海外市场范围,是美国市场大还是欧洲市场更加重要。其次,要分析自身

产品的数量与特征等。10种产品需要的空间和100种产品需要的空间大不一样,产品是用图片展示更加合适,还是采用视频展示效果更好。最后,要分析一下企业的优势。企业有没有获得过专业认证或奖励、生产设备是否先进等。只有做好自身分析,才能正确地选择电子商务平台。

(2) 比较电子商务平台的规模

现实中的贸易商城,往往是规模越大,人气就越旺,生意也就越好。这是因为商城的规模大,产品就丰富,采购商跑一个地方就能找到所有自己需要的产品,节省时间、提高效率;另外,规模大,供应商就多,竞争也更加充分,产品的价格水分也被控制在合理范围内,采购商在这里能以最低价格买到同等质量的产品,所以采购商愿意来,商机也就更多。电子商务平台作为互联网上的"贸易商城",以上的道理同样适用。考察电子商务平台规模的指标主要有两个:第一是注册用户数,分为国内注册用户数和国外注册用户数,国内注册用户数越多,就表示供应商越多,国外用户一般都是采购商;第二是网站的访问量,作为一个外贸型的电子商务平台,网站的海外访问量最为重要,因为海外访问量直接反映海外采购商光顾网站的数量。如果一个外贸型电子商务平台有1 000万次的日访问量,但只有20%来自海外,那么它的效果肯定不如一个拥有500万访问量,但海外访问量占80%的网站。电子商务平台的规模很重要,但并不是规模越大效果就越好。这是因为电子商务平台行业处于完全自由竞争状态,还没有出现一家网站垄断整个行业的情况,几家优秀的电子商务平台各具优势;另外,单个电子商务平台的容量是有限的,如果其容量突破了限制,就会导致平台内的企业过度竞争,反而会造成业绩和利润的下滑。

(3) 根据自身特点寻找适合的平台

电子商务平台的规模并不是唯一的指标,还需要根据企业自身特点找到具有针对性的平台。一般的出口企业都会选择综合型的电子商务平台,但是有些特殊行业,由于其自身专业性强的特点,选择综合型平台并不是非常合适,例如化工行业、医药行业。目前,国内的外贸电子商务平台大多数都是英文版的,如果企业的主要海外市场在非英语国家,也可以考虑选择相对应的语言版本的平台;而如果其他语言版的规模太小,其价值就不大了,还不如选择规模大的英文版平台。

(4) 平台自身推广很重要

只有电子商务平台自身加大宣传推广力度,让更多的采购商认识并了解,才能吸引更多的采购商。外贸类的电子商务平台更应该注重海外推广。目前,外贸类电子商务平台推广方式主要有4种形式:一是参加海内外国际性知名展会,在选择外贸电子商务平台时,企业可以重点考察其参加涉外展会的数量与质量、行业与地区范畴;二是搜索引擎推广,电子商务平台本身也是网站,离不开搜索引擎,企业在选择电子商务平台时,要重点考察平台上相关信息在各主要搜索引擎的搜索排名情况;三是传统广告投放,企业选择外贸电子商务平台时,可以考察电子商务网站针对目标市场的海外广告投放情况;四是对外合作,如与各国贸促会、商会、行业协会的合作,与其他地区商业机构的合作,联系推荐会员信息的力度等。

思考与实践

一、思考题

1. 对于外贸企业来说,选择点击量大的电子商务平台是否一定比选择点击量小的电子商务平台更加有利?

2. 阿里巴巴电子商务平台有哪些增值服务,它们对用户有什么意义?

二、实践训练

企业电子商务开展情况调研

选择家乡或者学校所在地附近的一家企业,与其取得联系,了解他们是否已经开展电子商务活动。如果他们有意向并且还未开展电子商务活动,你也可以与他们洽谈合作,帮助他们选择注册电子商务平台,这也可以作为同学们社会实践的一部分。你可以根据调查情况写一个调查简报,格式可以参照表 5-3。

表 5-3 企业电子商务开展情况调研简报

企业名称	
企业基本属性	
企业是否注册电子商务平台	
近期是否有注册电子商务平台的意向	
企业注册了哪一种电子商务平台(或者希望注册哪一种电子商务平台)	
该企业在选择电子商务平台时关注哪些属性和服务	
对电子商务平台的安全性是否信任	
企业通过电子商务平台的销售量占销售业绩的比重	
想了解的其他问题	

任务2　电子商务平台注册与信息编辑

任务概述

选定适合自己的电子商务平台后,我们需要注册用户才能正常使用平台提供的各项功能。每个电子商务平台的注册程序和认证要求可能有所不同,但是基本方法都是相似的。在这个任务中,我们要熟悉第三方电子商务平台的注册流程,科学准确地对需要发布的产品信息加以描述,发布专业的产品信息,从而引起买家的兴趣和关注。

任务包括：注册电子商务平台、商务信息编辑与发布。

任务情境

顾帆家的公司主要为采购商提供半成品,通过对数家知名电子商务平台的比较,顾帆注册了国内某一知名电子商务平台,并要在该平台上发布企业信息。

注册电子商务平台要注意哪些问题？如何编辑、发布产品信息？如何巧妙设置产品关键词？如何编辑、管理已经发布的产品信息？下面,我们和顾帆一起来学习。

任务2.1　注册电子商务平台

任务描述

虽然目前有众多可供企业发布信息的电子商务平台,但其注册的步骤和方法是基本相似的。本任务中以中国制造网为例练习电子商务平台注册的步骤与方法。

任务分析

注册电子商务平台与许多网站、论坛的注册有很大差异,最大的区别在于电子商务平台的注册对用户注册信息的真实性、可靠性、完整性有严格的审核程序,这是为了最大限度地确保交易的安全性。大多数电子商务平台都会提供一些帮助信息,可以按照其注册页面的提示逐步注册。需要注意的是,为提高注册审核的通过率,我们应事先准备好翔实的资料。

任务实施

操作1：注册电子商务平台

下面以中国制造网为例,注册第三方电子商务平台。

(1) 打开中国制造网首页,进入"Join Now"频道,注册新用户,如图5-8所示。

图 5-8 注册新用户

(2) 填写账户基本信息,如图5-9和图5-10所示。

图 5-9 创建一个账户

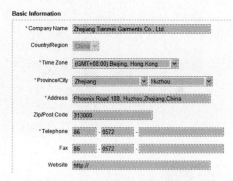

图 5-10 填写账户基本信息

(3) 在创建账户时需要注意产品关键词[Product Keyword(s)]的设置技巧。

① 与产品相符、符合买家搜索习惯的单词。例如:产品是 MP3 播放器,为了增加被买家搜索到的机会,建议将 MP3 和 MP3 Player 都设为关键词。

② 有些产品可能有几种正确的产品名称,如 Steam Room(蒸汽淋浴房)、Sauna Room、Showroom、Bathroom 都是相关关键词,建议都填写。

(4) 填写联系方式。此栏主要包括公司所在的省份城市、详细地址、邮编、电话号码、传真以及网址等内容,便于客户能及时联系到公司,如图5-11所示。

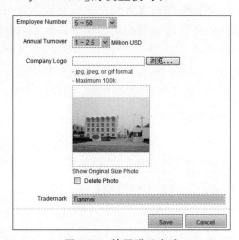

图 5-11 填写联系方式

(5) 填写商务信息。选择公司的经营类型(Business Type)、经营范围(Business Range),填写产品关键词[Product Keyword(s)]、公司描述(Profile)、员工数(Employee Number)、年销售量(Annual Turnover)、公司标志(Company Logo)和商标(Trademark)等信息,其中公司描述应做到简明扼要、突出重点。公司描述主要包括成立时间、主营产品、规模和公司所获荣誉、行业经验等,让浏览者可以在短时间内了解公司,如图

5-12 所示。以上信息如需修改,可到 Virtual Office(虚拟办公室)中再编辑。

[图：填写商务信息表单]

图 5-12　填写商务信息

1. 认证供应商

（1）什么是认证供应商

认证供应商服务是由中国制造网推出的专为中国企业提供的、展示企业生产贸易能力和品质管理体系的标准化实地审核服务,如图 5-13 所示。由国际知名权威检验认证公司 SGS 集团作为第三方,独立进行实地审核,出具权威报告,如图 5-14 所示。SGS 集团是中国制造网英文版 Audited Suppliers 服务良好的合作伙伴,是全球检验、鉴定、测试和认证服务的领导者和创新者,是公认的质量和诚信的全球基准。

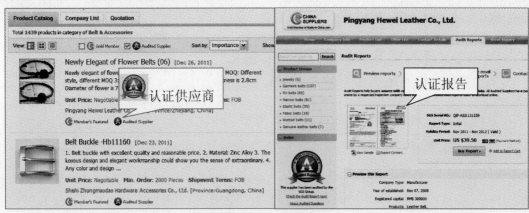

图 5-13　认证供应商

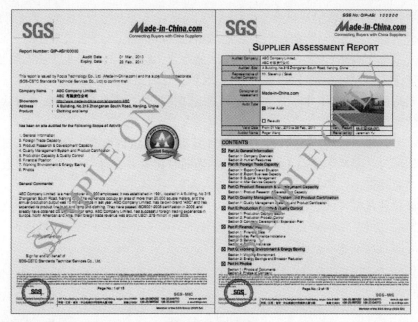

图 5-14　SGS 报告

（2）为什么要选择认证供应商

据中国制造网独立调研上千家用户结果显示，超过 95% 的国内采购商认为，寻找供应商的过程中，诚信与否、规模如何是最为关注的问题，其次是产品质量、售后服务等；而网络贸易，他们最担心的就是如何确认供应商是否真实存在、企业实力究竟如何。周边地区供应商，可以亲自上门查看；如供应商距离较远，亲自拜访则费时费力。

针对国内贸易的认证供应商服务应运而生，其认证内容建立在中国制造网已成功运营 4 年的 Audited Suppliers 服务的基础之上，切实结合国内采购商的关注重点，符合国内用户的实际需求。

认证服务内容主要包括公司基本信息、销售贸易能力、产品设计和开发能力、产品质量体系和产品认证、生产能力和质量管理以及实景照片等方面。

2．阿里巴巴诚信通

（1）什么是诚信通服务

2002 年 3 月 10 日，阿里巴巴中文网站正式推出诚信通产品，主要用于解决网络贸易信用问题，它专为发展中企业量身定制，提供强大的服务，提高成交机会。

表 5-4 中列出了诚信通会员享有的网上和线下服务项目。

表 5-4　诚信通会员享有的服务内容

网 上 服 务	线 下 服 务
独一无二的第三方身份认证，拥有诚信通档案，赢得买家信任	展会：足不出户全国参展，推广企业和产品
拥有诚信通企业网站（即诚信通商铺），推销产品	采购洽谈会：与国内外世界级大买家做生意
提供强大的查看功能，独享千万买家信息，增加订单	培训会：交流网上贸易技巧，分享成功经验
发布商业信息，优先推荐，获得买家关注	交流："以商会友"社区提供最热的行业资讯和讨论
管理信息，方便查看和管理 留言反馈，买家询盘，第一时间即时了解	专业服务：服务人员提供每天 8 小时专业咨询服务
享有发布一口价权利和竞价权利，争夺标王或前三名 确保在供求信息中排名最前	

(2) 如何申请和开通诚信通服务

公司需要具备合法注册、合法年检的营业执照,方可申请加入诚信通服务。

诚信通会员是年费制,需要汇款至阿里巴巴公司,汇款后将汇款底单注明在阿里巴巴网站注册的会员登录名,传真至阿里巴巴客服务部,阿里会及时安排后续的服务。

款项到账后的5～7个工作日是认证周期,在这期间,第三方认证机构会进行认证,认证通过后开通诚信通服务。

诚信通账号开通后,只能在一个地方(1台计算机上)用诚信通账号登录贸易通(与人对话、洽谈等),不能同时登录两个或以上的贸易通(如果同时在第2台计算机登录贸易通,则第1台上的贸易通会自动退出),即只能确保一个人与人聊天,洽谈生意。

可以用诚信通账号在两台或以上的计算机同时登录阿里巴巴网站,进行查询求购信息等内容,这样就比较方便了,很多公司就是这样操作的。经理用贸易通洽谈,其他的同事则可以用诚信通账号登录网站查看信息。

任务2.2 编辑与发布商务信息

任务描述

在这个任务中,我们学习怎样编辑、发布产品信息和供应信息。

任务分析

有人在电子商务平台注册了实名用户并申请通过了各种诚信认证,然后开始如守株待兔般等待生意上门,可是企业网站却门可罗雀,于是他们开始抱怨网络电子商务平台的管理和服务不到位。

在网络电子商务平台注册并通过了认证,其实就如商户在批发市场租用了摊位并获得了营业执照;可是如果对摊位不装修、不整理,产品信息上传稀少,肯定不会获得良好的商机。就好比在批发市场租用的摊位要装修,我们在电子商务平台注册成功后也要及时把公司和产品信息编辑好上传至网络,只有这样才能吸引潜在的买家。

任务实施

操作1:发布产品信息

以中国制造网为例,登录平台后,在Virtual Office(虚拟办公室)中单击Add a New Product(添加一个新产品),填写产品基本信息。

需要编辑的主要信息包括以下几方面。

(1) 产品名称:应该准确完善。

(2) 产品关键词:与产品相符、符合买家搜索习惯,并且相关的关键词都填上。

(3) 产品类别:应该精确,便于采购商能有效搜索到该产品。

(4) 产品描述:应该专业详尽,突出产品优势、特性,激起买家的采购兴趣。在产品描述中也可插入表格来描述具体参数,更加清晰直观。

(5)产品图片：应该清晰、完整、美观，凸显产品的功能与特性。
(6)其他附加信息：包括源产地、商标、型号、年生产能力、海关编码等。
(7)贸易条款：包括产品单价、装运条款、支付条款、最小起订量和价格有效期等。
产品信息编辑页面如图 5-15 所示，图 5-16 是一则已经编辑提交的产品信息。

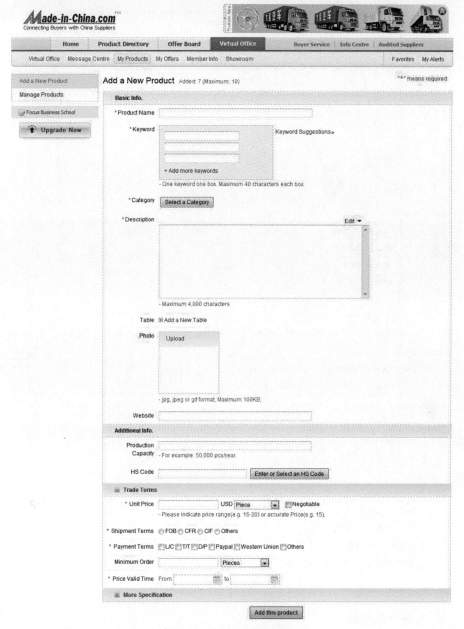

图 5-15　产品信息编辑页面

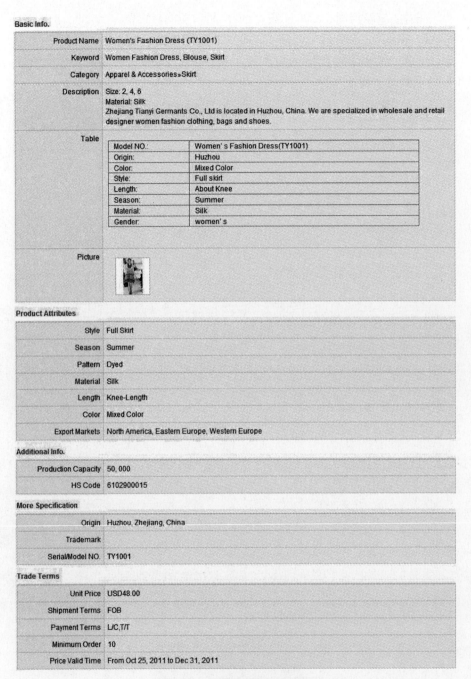

图 5-16 编辑完成的产品信息

操作 2：管理产品信息

如果发现已上传的产品信息需要修改，则可以到 Virtual Office（虚拟办公室）下的 My Products（我的产品）下管理产品信息，重新编辑后再提交，如图 5-17 所示。

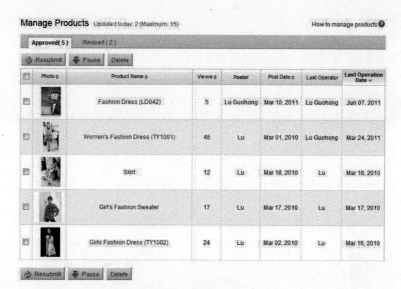

图 5-17 管理产品信息

操作 3：发布与管理供求信息

在电子商务平台上，供应信息都有一定的时效性，发布的信息可以选择 7 天、15 天、1 个月、3 个月、6 个月或 1 年。下面以中国制造网为例，发布供求信息。

(1) 登录平台，在 Virtual Office（虚拟办公室）中单击 My Offers（我的商情）| Post a New Offer（添加新商情），打开如图 5-18 所示的页面。

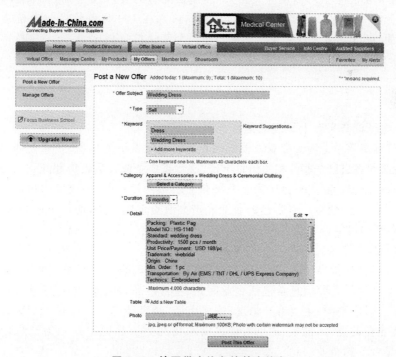

图 5-18 填写供应信息的基本信息

(2) 填写基本信息。包括商情主题、商情类别、产品关键词、产品所属类目、信息有效期等，所有信息应清晰明确。

（3）填写产品的详细信息。产品的"详细说明"可以填写产品的"材质"等属性，可以让买家对其有一个全方位的认识，提高信息的可信度，从而吸引买家询价，增加成交机会。需要注意的是，不要在产品的"详细说明"中带有电话、电子邮件、传真等联系信息，否则无法通过审核。可以上传产品的图片，增加产品的吸引力，图片格式为JPG或GIF，大小不超过200KB。

（4）商情发布成功后，如需修改，可到 Manage Offers（商情管理）中再次编辑，如图5-19所示。

图 5-19　商情管理

（5）有些电子商务平台可以填写交易条件，包括交易的价格、数量、交货期和支付方式等。产品供应信息分为一口价信息和普通信息，两者的区别在于一口价信息包含价格、数量、交货期等项目必填项，可以让买家直接在网上下订单。与普通信息相比，发布一口价信息有获得更靠前的排名位的优势。

知识链接

1. 需要在电子商务平台上呈现的信息类别

第三方电子商务平台是为买卖双方提供信息和交易等服务的场所，企业要使用这些平台开展电子商务，就必须将自己企业的相关信息上传，这就需要企业人员收集和甄别需要上传的信息并对这些信息进行编辑。有些平台还为企业提供了二级网站功能，企业可以将自己的信息以网站的形式展现在平台上，使客户对自己的企业和产品有更多的认识，增加企业的可信度，提高交易机会。目前各平台可供企业发布的信息主要有企业信息、产品信息以及供求信息。

（1）企业信息

网络是一个虚拟的世界，为了使网络中的客户了解自己企业的情况和实力，需要将企业信息上传到网络平台上。企业信息常包括企业简介、主营产品和服务、主营行业、企业类型、经营模式、注册资本、地址、规模、主要客户情况、主要市场、经营品牌等。有时为了更好地展现企业实力，还可以将企业的图片、视频、证书等信息展示在网上。图5-20所示为丝绸之路集团展示在中国制造网平台上的企业信息。

发布企业信息时需要注意以下两点：第一，公司名称必须完整，不能用简称；第二，正确选择公司"主营"。

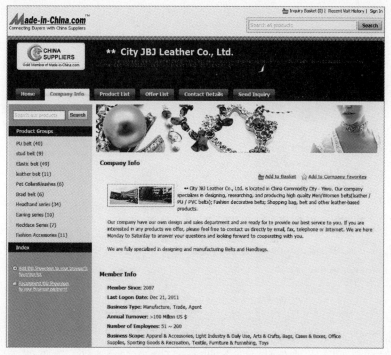

图 5-20　展示在中国制造网上的企业信息

（2）产品信息

同时需要在网络上展现的是企业的产品信息。网上展示的产品无法像现实一样采用实物，一般使用产品的图片。发布产品信息时，可以从多角度用多张图片展示产品的整体效果，并配上产品名称、规格、材质等方面的说明。不同的产品需要说明的信息不同，需要业务员根据具体情况进行处理。另外可以将产品图片进行分类排序，将有特色的产品图片放在前面，以方便客户浏览，如图 5-21 所示。对展现在网络上的产品图片可以进行适当的编辑处理以吸引客户的视线，有利于提高交易的成功率，如图 5-22 所示。

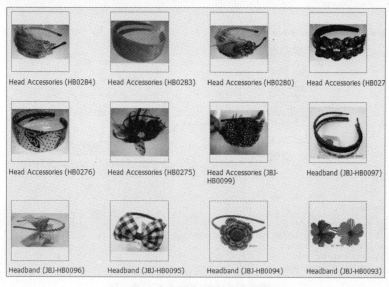

图 5-21　企业展示的多个产品信息

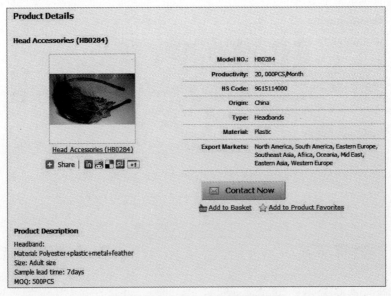

图 5-22　企业某一产品的详细描述

(3) 供求信息

与普通产品信息不同,供求信息的一个明显特征是具有时效性。供求信息是发布在网络上的买卖信息,它显示了卖家出售的产品和买家需要购买的产品。买家一般会通过平台提供的搜索功能进行搜索,这时需要在搜索栏中输入产品的关键词;卖家为了能让买家搜索到自己的产品,就必须在发布的供应信息中设置合理的关键词,否则其产品将不会出现在买家的搜索结果中。当买家按照产品的关键词进行搜索后,会出现大量的结果;卖家为了吸引买家的视线,就必须在供应信息中展示有吸引力的图片。当卖家的产品被买家看中后,买家会查看该产品的详细信息;为了让买家详细了解自己的产品,卖家应该尽量详细地描述产品的信息。图 5-23 为某一企业发布在中国制造网上的供应信息。

图 5-23　企业某一供应信息

2. 发布供应信息的技巧

发布一条高质量的供应信息有助于提高信息的被关注度,增加成交的机会。优质的供应信息要从关键词、信息标题、产品图片和产品描述等几方面来把握。

(1) 关键词

85%的买家都是通过关键词来查找供应信息的,因此关键词的正确设置非常关键,是客户找到企业的基础。有关关键词的设置已在项目1的任务1中提及,此处不再赘述。

(2) 信息标题

产品信息标题必须清晰明了,可以根据产品或产品所属行业的不同特点来命名。以下举例说明。

① 产品名称:沥青

供应信息标题:70号、90号、100号沥青及SBS改性沥青和乳化沥青。SBS改性沥青和乳化沥青可根据用户实际需要生产。

该信息标题的优点:罗列了所有沥青的型号。这样,只要"沥青"这个关键词保持在前五位,就能保证有不同型号求购要求的客户随时搜索到公司的信息,可谓一举两得。

② 产品名称:无骨雨刷

供应信息标题:供应VIRA威锐汽车无骨雨刷(中高档车型专用配置)。

该信息标题的优点:首先突出了自身品牌,其次说明了产品针对的客户层,也显示了自身品牌的针对性和产品的高端性。

③ 产品名称:琉璃工艺品

供应信息标题:供应琉璃印章、商务会议礼品、特色礼品、一诺千金印章。

该信息标题的优点:将很多产品都放入了标题中,而且说明了产品的用户。

④ 产品名称:同步发动机

供应信息标题:供应微波炉、电烤箱、空调器、舞台灯具用记磁同步电动机。

该信息标题的优点:搜索同步电动机的客户不外乎都来自于家用电器行业、灯具行业,看到这个标题后,客户一般会认为这个供应商就是要找的供应商,至少也会询问该产品。这样询价的次数就会增多。

(3) 产品图片

网上产品展示和传统展会的产品展示有着很大的区别,买家在网上选择产品主要依靠视觉。网络贸易中的调查反映,对于标准化的产品,如数码产品、化工原料等,价格是买家主要关注的因素;而对于非标准化的感性体验类产品,如服装、礼品、玩具等,买家主要在意感觉。可以这么说,在网络贸易中,一张好图胜千言。有关优质的产品图片应具备的三个条件已在项目1的任务1中提及。

(4) 详细说明

产品的详细说明可以让买家更详尽地了解产品的优势,体现企业的专业性,这样才能使询价更有针对性,最终提高成交率。有关产品详细说明的内容已在项目3的任务2中提及。

思考与实践

一、思考题

1. 阿里巴巴、淘宝网、中国制造网在保障用户交易安全措施方面各有什么特点?
2. 企业在电子商务平台上发布的产品信息和供求信息主要包括哪些内容?

3. 企业在发布产品信息和供求信息时应注意什么?

二、实践训练

电子商务实践活动——校园跳蚤市场

跳蚤市场是二手货交易市场的英文直译,Flea Market 的称呼来自于欧美直译。每年 6 月份毕业生离校前,都会在学校的小路上或空地上摆起一排排小摊,小摊上摆放着各种生活用品,如凉席、衣服、手电筒、CD、DVD、书、杂志等,为学弟学妹们提供便利,俗称"毕业生跳蚤市场"。毕业生跳蚤市场虽然只是一个简单的二手交易市场,但其背后有很多隐形的意义,如资源的再利用和重新分配、相关信息的流通、建立同学间的友谊等,是一种潜移默化的校园文化。

在电子商务开始进军商界的 E 时代,同学们再也不用为在跳蚤市场上做买卖而头顶火辣辣的六月骄阳了。把我们的跳蚤市场搬到寝室里吧,听听轻松的音乐、吹吹空调,你也可以轻松做买卖。

建议同学们在老师的帮助和学校社团的组织下建立一个网上跳蚤市场,既能继续发扬跳蚤市场节约资源、节省资金、促进同学友谊的优良传统,又能让同学学以致用,充分体验电子商务给"做生意"带来的颠覆性变革。

如果学校老师能提供技术支持,帮助同学们开发独立的校园交易平台那是再好不过了;即使没有,我们也可以利用网络上的第三方平台开始我们的买卖。

淘宝网是亚太地区最大的网络零售商圈,同学们一定不陌生。如果你希望将电子商务实践进行到底,并且有稳定的商品来源,就不妨从淘宝网开始吧。在淘宝上做生意需要的步骤和我们前面所学的大同小异,你可以一步步学习。现在网络上、书店、图书馆关于淘宝网开店做买卖的书可多了。

赶集网是中国目前最大的分类信息门户网站,为用户提供房屋租售、二手物品买卖、招聘求职、车辆买卖、宠物票务、教育培训、同城活动及交友、团购等众多本地生活及商务服务类信息。自 2005 年成立以来,赶集网就获得了用户的广泛青睐,并获得了快速发展。同学们可以在赶集网上发布供求信息。

顺便说一句,如果同学想勤工俭学也可以在赶集网上寻找工作机会;你还能在赶集网上发布家教信息,既为自己赚学费,又能服务社会。

当然,同学们涉世未深,无论在网络上做买卖还是求职,一定要注意保护好自己的人身和财产安全。

任务 3　商务信息推广

任务概述

俗话说：好酒也怕巷子深，做生意不会吆喝就只能眼睁睁看着别人赚钱了。企业在网上开展电子商务也是一样的道理。买家搜索一类产品就会出现数百上千条信息，怎样让自己的产品在众多产品信息中脱颖而出、引起买家青睐呢？除了要按照上述任务中尽量完善、美化产品信息，注册翔实的资料并通过较多的诚信认证外，后期的推广工作也会增加商机。

任务包括：利用电子商务平台的服务推广信息、利用其他方式推广信息。

任务 3.1　利用电子商务平台的服务推广信息

任务描述

网络上潜在的买家在搜索供应信息时会得到令人眼花缭乱的大量信息，是什么在引导买家选择合作的目标呢？在这个任务中，我们结合前面所学的知识来研究这个问题。

任务分析

任何买家在网络上搜寻合作伙伴时都会经历以下三个步骤：海选（选出符合条件的信息）；删选出重点目标（选出自己认为值得关注的少数供应商，此时大部分供应商已被淘汰）；通过询盘选出最终合作伙伴。

如果企业要成为以上三个步骤中的最后胜出者，必须做到：增加自己在平台上的曝光率（在海选过程中让自己排名靠前，事实上很多买家不会关注 10 页以后的信息）；优化自己的产品信息（第一时间抓住买家眼球）；及时真诚地对买家询盘信息进行反馈。

任务实施

1. 提高企业和产品的曝光率

心理学研究表明：多数买家在浏览搜索结果时不太会关注 10 页面以后的信息，因此要想让自己的产品和企业引起关注，必须提高企业和产品的曝光率，和经常在网上寻找供应商的买家"混个脸熟"。

（1）图 5-24 是阿里巴巴平台上某产品的搜索结果页面，分析并回答问题。

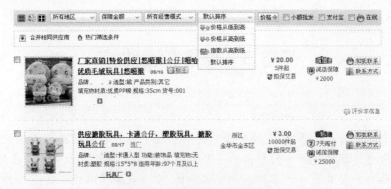

图 5-24　阿里巴巴的搜索页面

该平台提供了哪几种搜索结果的排名方法？如果你是买家，你比较喜欢选择哪几种排名方式？

（2）登录阿里巴巴网，打开"生意经"，探究有哪些措施可以让自己的产品和企业排名靠前，如图 5-25 所示。

图 5-25　阿里巴巴生意经

（3）与同学讨论，将讨论结果记录下来。

我知道的在阿里巴巴上排名靠前的方法有：_____

_____

_____

2. 吸引买家点击企业和产品

如果排名靠前，买家却不点击，那仍旧要坐失良机。在提高了自己企业和产品的曝光率后，怎样提高被点击率呢？

（1）在阿里巴巴用关键词"玩具公仔"搜索商品得到的结果中有如图 5-26 所示的两条信息。比较这两条信息，并思考下列问题。

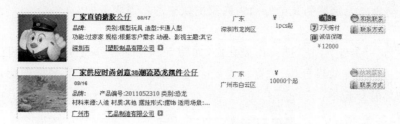

图 5-26 搜索同一商品得到的不同信息

问题 1：如果你是买家，你会选择先点击哪一条信息？是什么因素使你做出这样的决定？

问题 2：和同学讨论吸引买家点击的因素有哪些，并把讨论的结果记录在下方。

3. 了解自己产品和企业的受关注程度

《孙子兵法》云：知己知彼，百战不殆。商场如战场，同样适用此理。然而，在实际的电子商务大战中，不少商家对自己企业和产品在网站的受关注程度如何却是"不识庐山真面目"，这无疑使自己在竞争中陷入被动。

阿里巴巴生意参谋和商机参谋就像是一个为商家经营状况做出评价的老师，它会为商家统计推广效果。它有一个非常有用的功能，就是告诉商家它在图片美观、信息完整、关键词设置等方面还有哪些影响推广的缺陷。这好似一位耐心的老师，不仅告诉学生错在哪里，还帮助学生指出错误的原因。

（1）单击阿里巴巴中的"我的阿里"，找到"应用中心"，工具栏中有"生意参谋"和"商机参谋"，如图 5-27 所示。

图 5-27 阿里巴巴应用中心

（2）单击"生意参谋"按钮进入相关页面。在生意参谋页面，我们可以看到阿里巴巴为商家提供了全方位的诊断和专家建议，如图 5-28 所示。

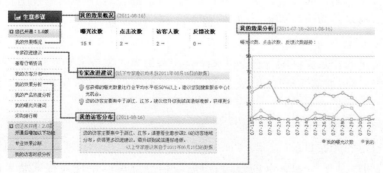

图 5-28 阿里巴巴生意参谋

请思考：阿里巴巴是从哪几个方面为商家提供生意参谋服务的？

（3）单击"商机参谋"按钮，进入相关页面，如图 5-29 所示。我们发现，阿里巴巴的商机参谋可以为商家提供推广效果分析、关键词设定合理性分析、操作分析等多项功能，同学们可以在实际使用中体验和积累。

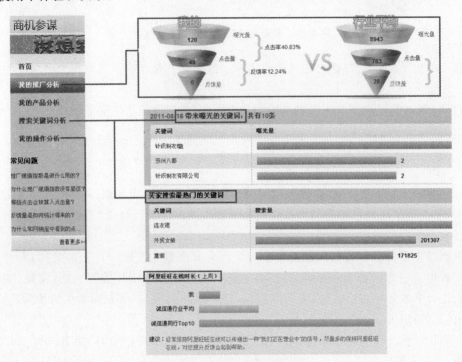

图 5-29　阿里巴巴商机参谋

知识链接

1. 电子商务平台的推广服务

（1）中国制造网"名列前茅"（TopRank）

中国制造网是中国产品荟萃的网上世界，每天有来自世界各地的众多商家在此寻找目标产品。如何在日益增多的同类信息中脱颖而出，如何让潜在客户尽快地找到自己？名列前茅（TopRank）是中国制造网的一种推广服务，包括以下两项内容：

① 关键词搜索优先排名

可以选择特定的产品关键词（product keyword）；每当买家或采购商访问中国制造网，使用该关键词进行搜索时，拥有 TopRank 的公司、产品等信息即可以出现在搜索结果的最前列位置（1～10 位）。

② 目录搜索优先排名

可以选择特定的产品目录（product category）；每当买家或采购商访问中国制造网，在该产品目录进行搜索时，拥有 TopRank 的公司、产品等信息即可以出现在搜索结果的最前列位置（1～10 位），如图 5-30 所示。

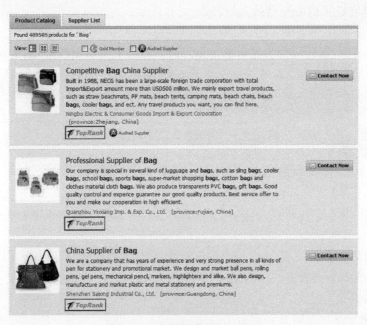

图 5-30　中国制造网 TopRank

（2）阿里巴巴黄金展位

黄金展位投放在阿里巴巴中文站"找产品、公司、买家"的搜索结果页面右侧。当用户登录阿里巴巴中文站首页，无论是搜索产品还是找公司、找求购信息，与关键词相对应的黄金展位图片都将投放在搜索结果页面右侧，并且翻页依然可见。

黄金展位主要通过以下方面展示企业实力：

4 个展位、独特标识、品牌专递、大图翻转、企业荣誉等标准服务以及企业视频增值服务。

每当买家或采购商访问阿里巴巴，通过产品目录或关键词进行搜索时，拥有黄金展位的公司、产品等信息即可以出现在搜索结果的最前列位置（1～10 位），如图 5-31 所示。

图 5-31　阿里巴巴黄金展位

2. 影响信息在电子商务平台排名的因素

(1) 信息质量

以阿里巴巴为例,诚信通会员发布的信息达到3星以上则质量较好,更有可能获得好的排名。供应信息的质量很大程度上取决于信息要素的质量,信息要素主要包括以下几个方面。

- 类目:类目要选择正确;
- 产品属性:完整、正确地填写产品属性;
- 信息标题:请使用表述清晰并且包含产品关键信息的标题;
- 产品图片:请上传产品的清晰实拍大图;
- 详细说明:在详细说明中图文并茂地说明您产品的优势和特点。

(2) 相关性

诚信通会员发布的信息标题与搜索关键词相关性较高时,在排名中更有优势。

(3) 新鲜度

保持信息的新鲜度,每3天重发一次信息,能够让您的供应信息相对靠前。

怎样保持信息的新鲜度:

- 新发产品信息;
- 适时更新重发产品信息。

(4) 优先展示

普及版诚信通会员当供应信息超过100时,可以将重点推广的100条信息设置为优先展示的信息,在同等条件下,有机会获得更好的排名(普及标准版诚信通会员发布的所有产品信息都是优先展示信息)。

(5) 诚信保障

加入诚信保障、展现企业的信用,则供应信息在排名方面会相对靠前。

(6) 收费的网销宝

网销宝是一种按效果付费的点击推广服务,加入网销宝,可以使信息在买家搜索结果页中优先展示,是诚信通会员提高买家询盘率的第一选择。

任务3.2 利用其他方式推广信息

任务描述

除了利用电子商务平台自带的推广服务外,我们还可以积极开拓其他的推广方式。在本任务中,我们练习利用商人论坛、商人博客、QQ群等途径进行推广商务信息的方法。

任务分析

推广企业和产品并不限于使用电子商务平台自带的推广增值服务。在网络信息技术发达的E时代,企业还可以利用其他方式多管齐下地进行推广宣传,以获取更多的商机。

任务实施

1. 利用商人论坛推广信息

论坛营销是社区营销的初级阶段,企业在论坛上发布的帖子不同于直接发布的供求信息、公司信息等；但如果经常在论坛中发帖、回帖，而且帖子质量较高，被商友们关注，积累了一定的影响力，就能间接达到宣传推广企业和产品的目的。

有不少专业论坛提供网络推广和交易的平台，一些较为正规的论坛还可以支付宝付款。我们可以注册这类专业论坛；但要注意，有的论坛是禁止发广告贴的，一经发现会被删帖封 ID。

(1) http://bbs.5imx.com（我爱模型）是国内比较著名的专业航模论坛，请打开该论坛的交易板块，进入"诚信认证商家专区"和"个人二手交易区"，如图 5-32 所示。

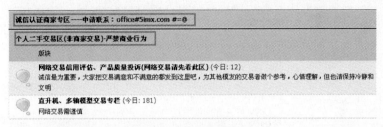

图 5-32　专业航模论坛

(2) 进入板块后，阅读该板块的规则。

每个规范论坛的一些交易板块都有其规则，规定了注册会员在该板块的一些禁止性规定。这些规定是为了确保会员能遵循国家法律法规和社会公序良俗；特别是带有商品交易的板块，其规定会比另外的板块更加严格和具体。

因此，如果希望在该专业论坛长期活动并从中搜寻商机，就必须熟悉并遵守板块的规定；否则轻则被禁言，重则被封 ID。

(3) 专业论坛中往往集中了某种类型产品的发烧友和专家，在那里发布商业信息，如果方法得当可以获得专业的询盘和长久的合作论坛。同时，专业论坛中也是鱼龙混杂，其中不乏专业素养很好但只是为了刺探同行情报的技术人员；并且，在有些专业论坛频繁发广告类型的帖子，也会造成普遍的反感，甚至会被论坛版主除名。如果希望利用专业论坛寻找专业而有诚意的合作伙伴，必须有丰富的专业知识、丰富的社会阅历和网络电子商务经验，能够甄别论坛上各种询盘的动机。

但是，如果能够经常在论坛上进行活动，体现出发帖者的专业技术素养和诚意，就能在这里寻获稳定而可靠的商业合作伙伴。与阿里巴巴等电子商务平台相比，专业论坛的安全保障毕竟较低。因此学生和初涉电子商务领域的人还是应注意询盘信息的甄别。

2. 利用商人博客进行营销

博客营销，就是利用商人博客开展网络营销。与传统博客不同，商人博客具有明确的企业营销目的，博客文章中或多或少会带有企业营销的色彩。博客具有知识性、自主性、共享性等基本特征，正是这种性质决定了博客营销是一种基于个人知识资源（包括思想、体验等表现形式）的网络信息传递形式。商人博客营销的价值主要体现在企业市场营销人员可以用更加自主、灵活、有效和低投入的方式发布企业的营销信息，直接实现企业信息发布的目的，降低营销费用。

图 5-33 所示为阿里巴巴商人博客，阿里巴巴的注册用户在博客首页登录即可开通博客，进入博客管理后台可设置博客信息和个性化定制。

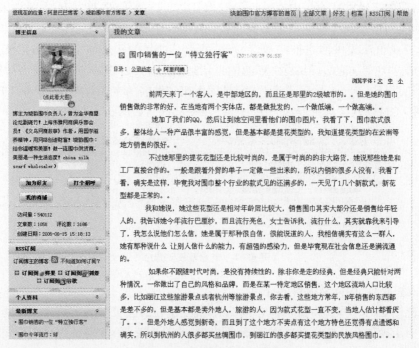

图 5-33 阿里巴巴商人博客

博客文章是整个博客营销内容体系的核心,在博客管理后台,单击"发表文章"按钮即可发表博文。

3. 利用 QQ 群、阿里旺旺等工具进行推广

(1) 以 QQ 为例。首先登录 QQ,查找群,输入关键词,如图 5-34 所示。

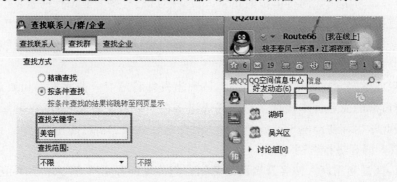

图 5-34 查找 QQ 群

关键词可以是产品名称,如"面膜",也可以是"美容"。之所以要这样设置,是因为如果你是面膜的供应商,那么搜索关键词"美容",就可以搜索到很多爱美女士自建的以美容为主题的群。你可以申请加入这些群,和她们进行沟通,在建立信任后可以推销自己的产品。

(2) 在搜索结果中查找你认为可能获得商机的群,如图 5-35 所示。

图 5-35　查找可能获得商机的群

(3) 选择某一群后申请加入，很多群需要经过群管理员验证才能加入，所以你需要以诚恳的态度发出加入请求，如图 5-36 所示。

图 5-36　申请加入群

(4) 获准加入后，就可以与群里的朋友进行交流了。需要注意的是，不要一开始就谈你的产品，这样很容易被误认为是推销产品的骗子而被"踢"出群。真诚是建立信任的基础，你可以从探讨群里多数人感兴趣的问题开始，在建立信任后，逐渐涉及产品。

必须注意的是：QQ 群不像电子商务平台那样能提供交易安全的保障，群里也可能有不法分子混迹其中，因此，这种方法只能是产品推广的辅助手段，真正的洽谈和交易还应转场到有安全保障的环境中进行。尤其是学生，涉世未深，一定要注意保护人身和财产安全。

在阿里旺旺的推广与 QQ 群的操作相似。

知识链接

1. 论坛营销应掌握的技巧

(1) 设置好论坛签名档，包括文字签名和图片签名两部分，这样每发一帖就会附带签名档。签名档可作为在论坛里"合法"宣传企业业务的强有力武器，是很好的免费广告。

（2）用企业品牌或产品名称作为自己的笔名，可以让别人更容易记忆，也起到宣传推广企业的作用。

（3）多发原创帖，标题和内容要新颖、有吸引力，回帖时也不要发表没有实际阅读意义的问题，那样无法给人留下好印象。

另外，在行业对口的论坛上购买广告位，多参与论坛的活动等，都可以成为企业营销推广的有力武器。

2. 博客营销技巧

商人博客是电子商务平台为用户提供的商业博客平台，它聚集了广大的网商，满足广大网商多方位展示自己、结交商友的目的，它为商人提供了一个展示鲜活案例、学习实战经验、展示自己公司及产品的互动区。商人博客的定位是商业博客，和一般的博客有着明显的区别。要使商人博客发挥营销作用必须把握以下三个关键点。

（1）博客与网站相结合

企业博客往往是以软文的形式传播其信息，而侧重点是思想交流，带有情感的成分，并且更新快、灵活性强；而企业网站注重的却是企业简介、产品情况等，是一种较为严肃、固定的感觉。这是网站和博客固有的定位，两者独立运营似乎都缺点什么；但是合而为一，互相弥补，自然显示出企业营销的完整性。其实将博客与网站相结合，可以使大量客户通过博客的灵活性，而去浏览、点评严肃的网站，同时也增加在搜索引擎排名中的优势。

（2）博客与论坛社区相结合

论坛社区作为一种网络的营销方式，以联盟形式为主，线上是"百家争鸣"，在"不打不相识"中增加了人脉；线下社区活动集众家之智、聚大家之力，尤其是使虚拟转化为现实。博客需要人脉，人脉意味着订单概率，博客更需要论坛社区活动，因为它是博客从思想交流转化为现实的重要渠道。

（3）博客必须注重其互动性的特征

互动性是博客营销区别于传统营销的实质所在，也是发现潜在客户的关键，是连接客户或接单的重要方式和环节。互动主要包括阅读博文（尤其是业内的博客）、点评博文、旺旺沟通、建立博客圈、参与论坛商盟、QQ 交流以及线下的商盟活动等，是一个综合的概念。

博客文章撰写有以下技巧：

① 以产品知识、行业经验的分享为主，吸引客户；

② 坚持观点的客观性，避免使用企业官方口吻，引起客户反感；

③ 要注意与客户的沟通，关注留言并及时予以回复。

在阿里巴巴平台上，已经有很多博客营销的成功案例。这种营销方式具有较大的发展潜力，并将给企业带来无限的商机。

3. 点击推广

点击推广是指通过加入广告联盟，通过点击提升 IP 点击率和流量的一种推广方式，具有推广速度快、效果明显的特点。目前的点击推广平台有 BAIDU、Google、SOSO 等网络平台。

例如，阿里巴巴点击推广，是阿里巴巴为诚信通会员提供的按点击付费的网络推广服务。阿里巴巴点击推广服务于 2009 年 6 月 8 日起正式更名为"网销宝"，阿里巴巴注册会员均可参加点击推广服务。按平台要求充值成功后，即可正式使用点击推广服务。系统将用户要推广的信息投放上网,曝光展示,展示形式为"图片+文字"。用户的信息会同时在阿里巴巴市场和社区两大平台推广,包括供应信息、资讯、论坛等搜索结果页,普通会员供应信息详细介绍、商业资讯正文、论坛文章正文等页面,为用户引入更多的目标客户。推广信息免费展示,按产生的点击结算费用。

一、思考题

1. 访问阿里巴巴或淘宝网,研究这些网站各有哪些服务或功能可以帮助注册用户了解自己网页受关注的程度,以及哪些功能是收费的,哪些是免费的。
2. 除了利用专业的电子商务平台,还可以通过哪些途径推广公司网站和信息?

二、实践训练

免费 B2B 电子商务平台"天下商务网"初体验

目前,网络上有不少 B2B 的电子商务平台,多数需要收取一定的费用,它们能为企业提供物有所值的增值服务。但是作为学生,如果能找到一家免费的 B2B 电子商务平台,进行体验式的活动,无疑是非常好的。

"天下商务网"是一家部分功能免费的 B2B 电子商务平台,图 5-37 是该平台的首页。注册会员后可以直接在上面发布信息,并享有一定的权限。当然免费用户享用的服务是有限的,比如每日询盘次数、排名顺序都有一定的限制;付费客户可以享用更多的功能。作为学生,我们可以利用其免费功能进行一些电子商务的初体验;如果有条件,也可以进行一些交易活动。

在这次体验活动中,希望同学们先初步了解该网站的基本使用功能和运行模式,然后注册为其用户,体验其更多的功能。当然,我们的目的是体验,有条件也可以尝试交易。

同学们熟悉了"天下商务网",将来参加工作后,也可以申请成为该网站的付费用户,在上面推广你未来公司的产品。

图 5-37 天下商务网首页

(资料来源:天下商务网 http://www.tx001.org/)

本项目小结

  本项目介绍了如何利用第三方电子商务平台编辑与发布商务信息,包括电子商务平台认知与选择、电子商务平台注册与信息编辑以及商务信息发布与推广,使同学们能操作网络商务平台,为企业发布产品信息,进行网络营销与推广。

  本项目布置了三个作业任务:企业电子商务开展情况调研、电子商务实践活动——校园跳蚤市场、免费 B2B 电子商务平台"天下商务网"初体验。希望同学们在完成这些作业训练后,可以掌握电子商务平台的操作技能,为企业在商务平台上发布公司和产品信息,开拓网上市场。

参 考 文 献

一、主要参考书目

[1] 罗子明. 解读现代商务情报[M]. 北京：企业管理出版社，2003.
[2] 谭月明. 网络商务信息采集[M]. 北京：中国经济出版社，2008.
[3] 陈琦昌. 商品广告摄影技法[M]. 长沙：湖南美术出版社，2005.
[4] 刘萌. 商务秘书信息与档案工作[M]. 北京：中国劳动和社会保障出版社，2005.
[5] 庄颖飞. 国际商务信息处理[M]. 北京：高等教育出版社，2007.
[6] 金超. 中文版 Photoshop CS 上机操作实训[M]. 北京：清华大学出版社，2006.
[7] 帅茨平，石少军. Photoshop 全面攻克[M]. 哈尔滨：哈尔滨工程大学出版社，2008.
[8] 李金荣，李金明. Adobe Photoshop CS3 影像风暴[M]. 北京：人民邮电出版社，2008.
[9] 黎文锋，龙昊. 商品照片拍摄与店铺装修指南[M]. 北京：人民邮电出版社，2009.
[10] 成先海. 网络贸易实务[M]. 北京：机械工业出版社，2010.
[11] 凤舞视觉. 宣传册设计与制作[M]. 北京：人民邮电出版社，2010.
[12] 编委会. 网上外贸：如何高效获取订单[M]. 北京：中国海关出版社，2009.

二、主要参考网站

[1] PS 联盟 http://www.68ps.com.
[2] 天极网软件频道 http://soft.yesky.com.
[3] 蜂鸟网 http://www.fengniao.com.
[4] 阿里巴巴网站 http://www.alibaba.com.
[5] 中国制造网 http://www.made-in-china.com.
[6] 阿里学院 http://www.alibado.com.
[7] iebook 超级精灵 http://www.iebook.cn.
[8] 太平洋电脑网 http://www.pconline.com.cn.
[9] 极客迷 http://www.geekfans.com.
[10] 数码之家 http://www.mydigit.cn.